增订本

古典学与古今之争

Classical Studies and the Quarrel of the Ancients and the Moderns

刘小枫 著

华夏出版社

增订本说明

　　这个增订版除尽可能改正初版中的误植外，还添加了三篇短文，也都属于"经典与解释"丛书编辑过程中的读书札记。《古今之争的历史僵局》一文则补充了少量文献，谨此说明。

刘小枫

丁酉年一月十五日

弁　言

　　这本小书收入笔者晚近几年写的十余篇"编者前言"，都属于"经典与解释"丛书编辑过程中的读书札记——即便长文《古今之争的历史僵局》亦如此。所附两则关于古典教育的访谈也涉及编书，不妨作为编辑"经典与解释"十五年的一个小结。

刘小枫
乙未年四月十四日于
中国人民大学文学院

目 录

增订本说明   *1*
弁言   *1*

古典抑或现代的古典学

古典学的何种"传统"   *3*
人类学的"欲望"与古典   *10*
修昔底德和柏拉图   *25*
古典学与灵魂政治学   *31*
古典的政治学与性情学   *39*
古罗马史家与政治史学   *47*
罗马帝国时期的希腊语经典   *62*
阿威罗伊的柏拉图   *77*

古今之争的历史僵局

引　言　　　　　　　　　　　　　　　　89
一　古今之争：巴黎　　　　　　　　　　92
二　古今之争：伦敦　　　　　　　　　　104
三　蜜蜂与蜘蛛的论战　　　　　　　　　119
四　文艺复兴对古典知识的拒斥　　　　　131
五　新哲人与新政制　　　　　　　　　　148
结语：历史僵局　　　　　　　　　　　　174

古典学与现代语境

莫尔和他的《乌托邦》　　　　　　　　　181
古今革命与古典学　　　　　　　　　　　189
瓦格纳与古典　　　　　　　　　　　　　195
古典与现代的三和弦　　　　　　　　　　201
现代式的古典学家葛恭　　　　　　　　　207
"现代性旋涡"中的《经学通论》　　　　　212
民主政治家张东荪与柏拉图　　　　　　　215
布鲁姆如何抵制美国的文化革命　　　　　219
追仿怀瑾握瑜的教化
　　——关于古典教育的访谈两则　　　　225

古典抑或现代的古典学

古典学的何种"传统"

上个世纪九十年代,牛津大学出版社曾推出一套"当代学术入门"小丛书,介绍西方大学人文-社科各专业的最新面貌,其中有一本《古典学》(Classics: A Very Short Introduction),由两位新锐的英国古典学者比尔德与汉德森(Mary Beard & John Henderson)合著(董乐山译,香港牛津大学出版社/辽宁教育出版社,1998)。

古典学并非西方大学的传统学科——十八世纪上半叶之前,西方的大学并没有古典学这个专业,因为此前的大学传授的学科本来就要求学生先习古希腊文学和古典拉丁语文学。十八世纪后期,商业文明化的现代式大学才开始逐渐形成。亚当·斯密在《国富论》最后一卷（卷五）中用两章篇幅谈到商业化生活方式的教育，主张把传统的培养少数人的教育改造为培养多数人的教育。①斯密准确预见到，商业时代已经来临，国家必须转变职能。除了扶持商业，国家作为公共管理机构主要有三项职能：负担国防、提供公正的司法和必要的公共财物——公共财物中最重要的是国民教育。因为，既然劳动分工是商业化生活制度的基础，国家就应该为多数人在进入各项职业之前提供基础教育，培养国民具有职业创新和服务社会的技能。显然，斯密所说的国民从小应该受益于国家提供的国民教育与传统意义上的教育是两回事。旧的经院式人文教育主要培养治国人才，这种教育模式不可能适应商业化的生活制度。在斯密看来，旧式大学教育注重德性教养，适应商业化生活制度的国民教育应该注重为职业分工打基础的专业化实用技能。

斯密所说的国民教育其实相当于如今的中小学普及教育，因为其课程内容主要是语文（识字）、算术、物理等基础知识。但是，斯密的教育观念的确反映了当时的大学现代化取向：大学教育应该以适合商业社会的专业知识为主要内容。从这个意义上讲，作为国民教育的大学本身就是现代的，传统并没有这样的大学。十八世纪末的德国人沃尔夫（F. A. Wolf）在如此新派的大学中找不到他热爱的古典学专业，并不奇怪。奇怪的应该是，沃尔夫在 1795 年发表《荷马绪论》（*Prolegomen*

---

① 亚当·斯密，《国民财富的性质和原因的研究》，郭大力、王亚南译，北京：商务印书馆，1996，下册，页319-344。

ad Homerum），通常被视为 studiosus philologiae［古典语文学］在现代大学诞生的标志，还因此得了个"古典学之父"的美名。

古典学在现代大学中的诞生恰恰表明，古传经典已经成为死去的"古籍"，而非活着的经典。古典学因沃尔夫的《荷马绪论》而成为现代式大学中的一个专业，表明这门学科首先关注的是整理和考订"古籍"——所谓"荷马问题"属于古代问题。因此，与古典学一同诞生的还有 Altertumswissenschaft［古代学］这个专业。Altertum［古代］指西方文明的源头古希腊罗马文明，所谓"古代学"意味着用现代的实证知识原则来看待整个古代文明。因此，考古也从个人兴趣变成了一门专业。由此可以理解，为何古典学实际上在一开始就是三个专业的三位一体：古典语文学、古代史、考古学。

尽管如此，古典学中的这三大专业方向毕竟有品质上的差异：古典语文学的旨趣在于古传经典文本，古代史和考古学的旨趣则在于各种"史迹"。在古典学这个"专业"内，何种旨趣具有领导权，将决定古典学的品质。由此便不难理解，一百年后在德国古典学界发生的著名事件的确具有历史性意义：十九世纪末，具有实证史学色彩的古典学家维拉莫维茨对尼采的《悲剧的诞生》发起猛烈攻击，并随后在柏林大学获得当时全德国地位最高的古典学教席（其弟子耶格尔［Werner Jaeger］在 1921 年接任这一教席），尼采却因此丢弃了在巴塞尔大学的古典学教席——于是，人们以为，维拉莫维茨确立了古典学的新传统，培育了数代古典学的"耀眼群星"。

如果以为维拉莫维茨赢了，那就错了。尼采没有直接回应维拉莫维茨的抨击，自有他的道理。事实上，尼采并没有从此闭口不谈古典学，一百年后的今天，已经有西方学者站出来说：古典语文学的未来属于尼采所指引的方向……

如果对西方古典学的来龙去脉不明就里，就可能盲从西方学界所谓的古典学"传统"。作为"当代学术入门"小丛书中的一种，比尔德和汉德森合著的《古典学》向我们介绍的是这门已经有两百年历史的传统学科的新貌。该书第一句话是，"这本古典学入门书从对一家博物馆的短暂参观开始"——两位古典学家带领我们参观的是伦敦大不列颠博物馆收藏的古希腊石碑残片。似乎传统的古典学以研读古希腊-罗马经典作品为主，新派的后现代古典学才以考古乃至田野考察为主，研读古典文本不过是为了佐证田野考察。然而，两位古典学家随后就告诉我们，早在十八世纪末期——亦即古典学诞生之时，"古典学就成了风光旅游"（页10）。言下之意，这才是西方古典学的正统。由于两位古典学家认为"古典学的核心是旅游"（页31），公元二世纪下半叶的希腊语作家泡萨尼阿斯写的《希腊指南》便成了这本古典学入门书推荐给读者的首要古希腊经典文本。但我们不难看到，真正带领读者旅游古希腊-罗马的解说者，其实是现代著名的人类学家弗雷泽——两位作者称他是泡萨尼阿斯的"现代助手"（页61）。实际上，应该反过来说才对：泡萨尼阿斯是弗雷泽的古代助手。因为，两位作者告诉我们，古人泡萨尼阿斯有可能误导我们，今人弗雷泽则不会："泡萨尼阿斯所提供的希腊的形象有系统地模糊了罗马统治的痕迹。

而我们不应该模糊的是，泡萨尼阿斯同时又是罗马帝国的居民。"（页41）

显然，两位作者主张，人类学化的古代史和考古学才是古典学的根本旨趣——在题为"表层下面"一节的末尾，两位作者用总结性的说法告诉我们：

> 古典学提供各式各样的方式，不论新的还是旧的，来了解古典的过去。现代考古学经常借助于最新的科学分析方法，最新的经济和社会变化的理论。但正是这种新技术与泡萨尼阿斯这样的古代作家的已知证据的结合，几乎总是最有效的。新的研究方法不仅产生新的资讯；它们也促使我们看到像泡萨尼阿斯这样的作家所记录的资讯中有新的意义……古典学可能需要坐在图书馆里阅读泡萨尼阿斯的旅游指南，或者可能需要翻找某个古代牛粪堆中遗留的残渣。也很可能，在古典学中，这两种活动都被看作是同一件事业的组成部分。（《古典学》，页51）

在这本古典学入门书中，我们看不到对如何研读古希腊罗马经典作品的介绍。不难设想，如果我在二十世纪九十年代以后去欧美留学专攻古典学，学到的就会是这种古典学——不用说，回国后我就会对国人说，这就是西方的古典学或古典学正统。

如果我们事先读过两位英国古典学者写的《古典学》，再来读德国古典学者克拉特夫为高中生写的《古典语文学常谈》(封卫平译,华夏出版社,2010),我们不难感到,两者的品质何止天壤之别:比尔德和汉德森合著的《古典学》一开始让我们参观大英博物馆,《古典语文学常谈》一开始给我们讲述的是古罗马共和国变成帝制前夕的血雨腥风——政变与古典学有内在关联吗?无论如何,在《古典语文学常谈》作者眼里,古典学这门学科应该具有对西方文明传统政制的关切,守护传统教育的德性品质。从现代文明危机的视界出发看待古典学这门学科的意义,是古典学家尼采的主张,也是尼采提出古典教育的良苦用心所在。在尼采影响下,迄今在德国还可以看到富有教养性质的古典旅游指南,比如曾先后在德国 Aachen 和 Wuppertal 大学担任古典学教授的 Klaus Held 所写的《与柏拉图碰面的地点:穿越地中海各地的热爱智慧的旅游指南》(*Treffpunkt Platon*:*Philosophischer Reiseführer durch die Länder des Mittelmeers*,Stuttgart 1990,2009 三版,已译成多种语文)。

  与比尔德/汉德森合著的《古典学》相比,克拉特夫的《古典语文学常谈》也许读起来不那么轻松有趣,但本书的确介绍了西方古典语文学的基本内容。西方的古典语文教育的基础在人文中学:西方的名牌高中以开设古典语文课程(古希腊语和古典拉丁语课程)为标志,我国的名牌高中以开设奥数(而非以偏重中国古典语文课程)为标志……当然,如亚当·斯密所说,在商业生活方式的时代,开设古典语文课程完全不敷用,对培养专业人才和商业及社会精英毫无益处——大学的确不应该再传授古典语文一类没有实用价值的知识,而应该传授"社会情况视为必要或有益的一切技术及科学"(《国富论》,前揭,下卷,页336)。我们清楚,如今提倡古典教育,绝非为了"普及"古典教育,而是如尼采所说,"为了少数几个总是'即将到来'却还没有在此的人"——古典语文学"以高贵的信念为前提",这就是"出于道德动机整理故书"(尼采,《快乐的知识》,102条)。

人类学的"欲望"与古典

二十多年前我在北大念研究生时，就对人类学这门学科产生了兴趣。遗憾的是，时至今日，我对这门二十世纪春风得意的学科仍然不知就里。

记得当时跑去听讲人类学的课，是在一个很小的教室，学生不到十个。讲者是位从中央民族学院请来的教授，讲"什么是人类学"。起初我想不通：堂堂北大，竟然没人能讲授人类学这门课，却要到外校找人来讲。几堂课听下来，才大致知道什么"体质人类学"、"文化人类学"、"历史人类学"之类，也慢慢明白，为什么当时的北大没有教人类学的教授。

据那位老师在课堂上说，人类学靠研究"原始宗教"起家——"宗教"在这里是习传生活方式（或习惯）的总称。所谓"原始的"宗教，并非一定就很远古，如今已然不复存在，也可能（实际上更多）指当今还存活着的宗教。因而，所谓"原始宗教"的实际含义当指某种尚未达到文明程度的生活方式。

于是我自个儿在心里回忆：什么叫"高度发达"的"文明"？我依稀记得，"文明"指某种生活方式（或习俗）的典章制度化，从而使得这种生活方式脱离了"原始状态"。据说，如此文明化的发端和演化过程，端赖于这个生活共同体中为数不多的大智慧者（我国古代称为"圣人"，《庄子·天下篇》："以天为宗，以德为本，以道为门，兆於变化，谓之圣人"）——他们一方面"心骛八极"、一方面明察共同体生活的正反经验，总结出一套礼法秩序规范并诉诸文字。随后，这些文字被这个共同体后来的聪明人奉为经书代代相传，以启示或传统的名义筑起城墙保护起来，以免遭后人肆意破坏，所谓文明便由此得以成形（参见尼采，《敌基督者》，第57条）。经过这番回想，再将课堂上学到的东西举一反三，我才大致明白，人类学研究的是没有形成经书的（因而叫作原初的）生活方式（所以人类学离不开"田野调查"）。既然传统的大学以讲授古典经书为业，北大这样的大学没有人类学教授也就不足为奇了。

课后我找到马林诺夫斯基的书来读，觉得他的书写得很好玩，但还是不明白他研究这些"原始宗教"究竟要干什么⋯⋯没过多久，当时在欧洲声名显赫的列维-施特劳斯（Claude

Lévi‑Strauss）的人类学就随着结构主义风潮来到中国学界——据说，法国大学的学生造反运动与结构主义人类学的兴盛不无关系……古典的文明大书随之被赶出学堂，理由是：任何生活方式都是平等的——有人说，结构主义人类学堪称一场"新的理智运动"，① 看来颇有道理。

有一天，我突然想到：倘若人类学成了大学的基础性学科，人类学岂不就会彻底置换传统教育的基础——学生们无须再念古典的经书，"搞田野"也可以"成仁"，那该多好呵。

很久以后我才知道，人类学其实并非仅仅研究所谓"少数族裔"的原始生活方式，也研究古典文明。法国的结构主义人类学大师不仅有列维‑施特劳斯，还有韦尔南（Jean‑Pierre Vernant）这位学古典学出身的马克思主义‑结构主义人类学家。法国古典学界的当代大师并不少，我们几乎没有翻译过他们的作品，韦尔南的译本却已经起码有了三本。② 看来，韦尔南受到我国学界的青睐，并非因为他是研究古代希腊的专家。

韦尔南的古希腊宗教人类学与列维‑施特劳斯的原初宗教人类学看起来就像是一把双刃利剑，将古典文明从西方传统身上切割下来。韦尔南说过：列维‑施特劳斯研究的是"未文明

---

① 参见巴德考尔，《列维‑施特劳斯：结构主义和社会理论》，尹大贻、赵修义译，上海：复旦大学出版社，1988。

② 韦尔南，《希腊思想的起源》，秦海鹰译，北京：三联书店，1996；韦尔南，《神话与政治之间》，余中先译，北京：三联书店，2001；韦尔南，《古希腊的神话与宗教》，北京：三联书店，2001。

化民族的宗教",后来发展出"无文字民族的宗教比较学"。其方法是:在不同种类的社会现象与话语之间假设一种结构的相似,从而"构成一种完美意义上的社会现象"(《神话与政治之间》,前揭,页88)。在韦尔南看来,这种研究引导列维-施特劳斯从宗教性出发,发现了一种普遍理论的轮廓——该理论把社会看作个体与集体间分为好多层级的交往系统。至于韦尔南自己,则是在文明化的古希腊宗教领域做了相同的工作,发展出一种有文字民族的宗教比较学。

与古代的"圣人"之"作"对比,人类学家无异于在重新创造"文明"。

其实,人类学与古典学的结合,并非韦尔南的"原创性学术成果"——就巴霍芬的成就和影响来看,人类学的兴起相当程度上得归功于十九世纪古典学的贡献。1861年,巴塞尔的古典学家巴霍芬(Johann Jakob Bachofen)发表了《母权》一书,① 被恩格斯誉为 eine vollständige Revolution［一场天翻地覆的革命］,因为它彻底颠覆了"父权制偏见"这一传统的、占支配地位的社会观(古典文明)。伟大的恩格斯眼力颇有预见性:倘若古典式教育是传统"父权制偏见"的直接体现之一,那么,颠覆这一偏见,必然随之拆毁古典式教育。难怪巴霍芬在书中所开拓的原初宗教研究、神话研究、性别研究等,在后来的人类学中无不发扬光大——不同的是,巴霍芬当时还

---

① 巴霍芬,*Das Mutterrecht*, Stuttgart;1897年Basel第二版,1948年第三版,1975年Frankfurt考订袖珍本。

得凭靠古典文献学的材料,而非"田野工作"(他的 *Griechische Reise*[《希腊之旅》]在今天看来还算不上"田野工作")。再说,巴霍芬才华横溢、文笔精美(学古典语文学出身的嘛),其影响不仅被及弗洛伊德、马林诺夫斯基一类现代社会科学大师,也深切感染了豪普特曼(*Hauptmann*)、托马斯·曼、里尔克等作家和诗人,甚至打动过本雅明、布洛赫一类现代哲人。①

欧洲的 1968 年"文化革命"取得胜利之后,学界便有人出来呼吁别忘了祭奠巴霍芬,为他记上历史功绩。然而,韦尔南忘了——他祭奠的是一位法国的人类学家:

> 在我们这个 1968 年五月风暴的法国,那么多的事物突然地改变,那么多的新东西一下子涌现,没有任何人能预见,热尔奈的研究,尽管它涉及的是一个十分遥远的往昔,定然不能成为——以它的人类学的方法和计划——一部具有完全的现实意义的著作。(《神话与政治之间》,前揭,页 177)

据韦尔南说,热尔奈的人类学研究探究的是:西方古代社会的生活形式作为西方社会之根为什么会构成以及如何构成?如此探问当然不是要向高古的前人们学习文明经验,而是要从

---

① 参见 H.-J. Heinrichs 编, *Materialien zu Bachofens Das Mutterrecht*, Frankfurt am Main, 1972。

自己的人类学构想出发来重新解析古典文明——如韦尔南马上补充说的那样，这里要问的"当然不是关于大写的人，而是关于创造了这些的人类、人类集团的特殊精神状态"（同上，页174）。

既然人类学早在结构主义理论出现之前就诞生了，结构主义理论给人类学带来了什么，以至于韦尔南凭此成就为闻名遐迩的人类学家？

韦尔南用自己的经验之谈说：

> 假如人们考虑到语言学研究在最近五十年中以系统和同时性的定义带来的新东西，考虑到神话学家从中得到的益处（这样，他们才说明白了对立和同形的种种体系构成了神话叙事的框架），我会说，在此意义上，如果不成为一个结构主义者，人们就不能再研究宗教史了。（《神话与政治之间》，前揭，页39）

韦尔南在这里说话的口吻显得是，自从有了结构主义语言学的系统论和历时性–共时性一类理论框架，古代人的生活方式及其习俗伦理就没有搞不清楚的了——这里用到的"宗教"概念，我们已经知道，指的是一种生活方式，用现在的说法，也可以叫作政治制度。

至于别人称他为马克思主义的结构主义人类学家，韦尔南这样说道：

> 重要的不在于为自己选择一个标签,而是要看到,在今天,问题在于了解一个体系(比如说,一个社会,在马克思所说的一个生产体系的意义上,有它的子体系,如语言、宗教、社会机制、各类艺术和科学——所有的子体系全都彼此相连相系,但又相对自治,因为它们都服从于各自特有的逻辑)是如何诞生、发展、组织、存活、衰败、解体、消失,以让位给另一个体系的。这样一个主题判断——我试图实施在古代希腊上——恰恰位于马克思主义和结构主义的交接点上。(同上,前揭,页40)

十分清楚,韦尔南的古典学研究基于一种现代社会科学的理论预设(生产体系论),不是吗?从而,韦尔南看古典的东西时,是从一个现代社会科学家头脑中构想出来的理论体系出发,而非依循古人自己对自己的理解。用韦尔南自己的话说:"正是当代世界本身以其现代性质逼着我们去了解宗教和宗教性的问题,了解它们的形式与地位的问题。"(同上,页89)

韦尔南的观点和口吻让我想起古典学家尼采在谈到古典文明时的看法:

> ……我现在越来越坚信:希腊人以及古代人的全部生活方式,无论看起来是多么简单和确实,实际上却是非常难以理解,甚至无法理解的,而我们通常用来谈论古代人的那些陈词滥调,要么是轻率,要么是出于我们的世代相传的愚蠢的自以为是。我们看到古代的词汇和概念与我们自己的词汇

和概念不无相似,不知道这只是一个假象,在这些词汇和概念后面,隐藏的全是我们这些现代头脑必然感到不熟悉、无法理解和痛苦的情感。这就是我们认为可以让我们的孩子在上面跑来跑去的土地!

够了!我们在儿童时期在这片土地上东跑西撞,养成了对一切古代事物的敌视和反感,一种由于过于熟悉而产生的几乎不可磨灭的巨大反感!我们的古典教师是如此狂妄无知,他们认为自己已经完全了解古代,并把这种狂妄无知传给他们的学生,同时还传给他们一种轻蔑,让他们觉得,这样一种了解对人类的幸福毫无帮助,只对那些可怜的、痴呆的、不可救药的老书虫很有用。(《朝霞》,195条,田立年译文)

尼采的看法明显与韦尔南的自我感觉相左,这两位古典学家我该相信谁?韦尔南会不会是尼采所说的"如此狂妄无知"的古典教师?

基于这样的个人经历或者"背景知识",我才没有对基拉尔(René Girard)在《双重束缚》一书中践行的如下尝试感到特别新鲜:让人类学研究与古典文学联系起来。

基拉尔说:由于困在"田野"的"经验主义绝境中",社会科学(尤其人类学这只领头羊)已然变得瘫软无力,需要靠伟大的古典文学名著来灌注新的生气——作为一位人类学家,基拉尔这样说无疑既需要见识也需要勇气。何况,这种主张也只有人类学学者自己提出来才有分量和意义,其意义就在于:人类学家自己已经看到打破人文科学与社会科学之间壁垒的必要性。把基拉尔的这一看法与他质疑"搞田野"在人类学这门学科中的"霸权"地位联系起来看,似乎古代的文学经典在基拉尔这样的人类学家那里将会取代"搞田野":

> 还有多久可以把田野调查当作人类学所有领域,包括原始宗教在内最主要的能力标准?我们是否真的应该授予那些给我们这个地球上为数不多的正在萎缩但至少原则上仍可用于原始研究的地区带来了人口过度增长的人(主要是人类学家们)垄断这些基本上灭绝了的现象的权利?[①]

为什么人类学应该把古典文学作品作为自己的"研究对象"?

基拉尔的回答是:因为我们由此可以懂得,什么是真正的"模仿"——这一真正的人类学"事实"。基拉尔当然知道,柏拉图和亚里士多德已经探讨过人类的"模仿",但他觉得,柏拉图和亚里士多德还没有关注过"欲望的模仿行为,而这恰恰是一个基本的人类行为"。这无异于说,柏拉图和亚里士多德根本就还没有注意到"一个基本的人类行为":欲望的模仿行为。的确,据基拉尔说,不仅在哲学领域,甚至在心理学、社会学和文学批评领域,由于从来没有谁人类学地考察过

---

① 基拉尔,《双重束缚》,陈明珠、刘舒译,北京:华夏出版社,2006,序言。

欲望的模仿,"模仿"概念便一直是个残缺不全的概念。换言之,从古到今,人们对模仿的认识都不彻底,唯有人类学的探究可以彻底搞清楚何为"模仿的欲望"(mimetic desire)。

于是,基拉尔的人类学提倡要关注古典文学文本。不过,对何为古典文学,基拉尔在一开始就用自己的人类学预设作出了如下规定:

> 这儿文学的含义,至少就我的知识来说,只有那些发现了模仿性欲望并揭示了其某些后果的文本才算文学文本。我这儿说的不是所有的文学文本,不是文学本身,而是比较少的一部分作品。在这些作品里,人际关系证实了源自人类欲望模仿天性的策略与冲突、误解与错觉的复杂机制。(《双重束缚》,序言)

既然基拉尔宣称:古代文学中那些把人类的关系和欲望描绘为模仿的才算得上经典之作,不然就不算,他便已然凭靠人类学的自然权利更改了古典文学的传统定义。

这让我想起尼采在《朝霞》序言中的一段话:

> 康德如此热心向善,不过是他那比任何其他世纪都更盲目而热烈的世纪的儿子,以及幸而还是这个世纪的某些更有价值方面的儿子(例如他在其知识理论中大量采用的感觉主义)。道德毒蜘蛛卢梭同样盘踞在他的心头,道德狂热主义的观念同样使他坐立不安,对此,这种观念的

执行者、卢梭的另一个学生,即罗伯斯比尔,直言不讳:de fonder sur la terre l'empire de la sagesse, de la justice et de la vertu [在地上建立智慧、正义和美德的大厦]。(尼采,《朝霞》,序言,田立年译文)

"在地上建立智慧、正义和美德的大厦",是"那比任何其他世纪都更盲目而热烈的世纪"——欧洲启蒙运动的十八世纪的结果。"模仿性欲望"当然是"地上的欲望",基拉尔基于这一欲望来重构古典文学的"范本",是不是可以比作在"模仿性欲望"的基础上来"建立智慧、正义和美德的大厦"呢?让我们看基拉尔自己怎么说来着:

如果模仿像所有原始神一样有两面,一面瓦解我们的社会,另一面又要使它团结,那么这两方面如何相互联系?冲突和破坏性的模仿如何才能转变成不冲突的训练和学习的模仿,对人类社会的确立和永存不可或缺的模仿?如果模仿欲望和敌对多多少少是人类的正常现象,社会秩序如何才能控制住失序的力量,或者,如果社会秩序被这种力量彻底颠覆了,如何才能从这种失序中再生一个新的秩序?恰恰是人类社会的存在变得很成问题。(《双重束缚》,序言)

原来如此!我得以理解为何基拉尔敢于宣称,亚里士多德的"模仿"定义残缺不全——就像韦尔南曾说亚里士多德不懂古希腊的悲剧作品。据基拉尔说，正因为人们一向从亚里士多德的"模仿论"来看古典文学，理所当然就看不到古典文学中的那些"模仿性欲望"的经典。通过对古典文学"经典"的人类学解读，基拉尔相信自己已经把潜藏在这些"经典"中的"模仿性欲望"从柏拉图或亚里士多德的"模仿论"中解救出来，从而他的原创性成果便在于：放心大胆地用从这些"经典"中寻找出来的"模仿性欲望"这一人类学"事实"去"修理"既往的所有人类学理论——甚至文学批评和文化研究。

  一旦这些经典之作的理论声音变得明晰，我们不是要依据现代的理论来阐释这些伟大的经典之作，而是必须根据它们来批评现代理论。我们与揭示模仿的作品之间的关系不能用一般意义上的"批评"来定义。我们要向它们学习的比它们要向我们学习的多；我们必须做最本分意义上的学生。我们的概念工具达不到它们的水平；我们不应该把我们总在变化的方法论"应用"于它们，而应该努力剔除我们的错误观念以理解它们包含的高见。（《双重束缚》，序言）

这听起来像是在告诫，别用今人的眼睛看古人——其实不然。谁使得"这些经典之作的理论声音变得明晰"？难道不是基拉尔人类学的"模仿性欲望"理论？这"理论"难道不是一种"现代的理论"？基拉尔自己对何为古典文学经典的自以为是的甄别岂不已经清楚地表明了这一点：

> 这些作品的作者比其他作家"更具模仿性"或"更加现实主义"，因为人的欲望确实是模仿性的，如此描绘它的作品只可能比其他作品更"贴近生活的真实"；这些作品的卓越是无可否认的，但我们不情愿承认这一点，其根源除对亚里士多德和柏拉图的尊敬之外还有更深的原因。或者更确切地说，我们对亚里士多德和柏拉图的尊敬，以及更重要的，哲学家们在囊括模仿行为各方面时的起始失败不可能不联系到我们所有幻觉中最可爱的部分，即坚信我们的欲望是我们自己的，是独创的、自发的。
>
> 各种批评方法，不管它是传统的还是先锋的，怎么可能达到对这些经典之作的真正理解？因为他们自己还继续相信着那个被模仿的揭示暗地里挑战和拒斥了的贫乏版本。虽然弗洛伊德在很多方面代表着一种进步，虽然他重视戏剧性关系的重要模式——例如爱欲纠葛的"三角"[triangular]模式——他也还是个大绊脚石，因为他提出的解决方案又一次歪曲了欲望真实的模仿性质。（《双重束缚》，序言）

基拉尔自己达到了"对这些经典之作的真正理解"吗？——天知道！

基拉尔指责结构主义和后结构主义人类学的前辈们过于虚妄，原因是他们"在面对最歇斯底里的狂热和时尚时日益"

脆弱,"越来越严重地受制于一种尚未得到承认的模仿性欲望"。然而,正如韦尔南的人类学古典研究并非"原创性的"一样,基拉尔的"模仿论"人类学同样并非原创性的。在谈到古希腊悲剧研究时,韦尔南说明过自己的出发点:

> 我询问自己,记忆、形象、欲望、个人的地位是什么。我就是这样探讨希腊悲剧的:带着这双重系列的先决质疑。(《神话与政治之间》,前揭,页54)

基拉尔自信地以为,那些结构主义和后结构主义人类学的"墙已经倒塌,因为它们从来就没有坚实的根基"——言下之意,他自己的基于古典文学经典的人类学才能挽救人类学这堵高墙彻底倒塌。

> 在今天的人类学任何一个领域,都不存在一个真正的一致意见。在用来讨论原始宗教的所有词汇中,没有哪一个词汇的定义没有争议。这种情况决定了没有任何研究取向可作为绝对"权威"。(《双重束缚》,序言)

这段话用来描述今天的整个学问领域可能更为恰当:在这个领域已经不存在真正的一致意见,在用来讨论任何人类生活的规矩的所有词汇中,没有哪个词汇的定义没有争议。这种情况决定了没有任何研究取向可作为绝对权威——基拉尔清楚地看到了这一点,却没有看到,如此"情况"恰恰是人类学一百多年来结下的丰硕成果——难怪他的《双重束缚》的书名看起来就像是"第二洞穴"的意译。

庄周的一位学生早就说过：

> 天下之人各为其所欲焉以自为方。悲夫！百家往而不返，必不合矣。后世之学者，不幸不见天地之纯，古人之大体！（《庄子·天下篇》）

基拉尔身上体现出来的不同"情况"仅仅是这样一种怪现象：这样一位"一曲之士"凭靠人类学的事实（"模仿的欲望"）以为自己已经"备以天地之美"，进而要"判天地之美，析万物之理，察古人之全"。就此而言，基拉尔的《双重束缚》颇值一读——正好作为一面当今学术前沿的镜像。

修昔底德和柏拉图

　　修昔底德属于我们耳熟却未必知其详的人物。我们都知道，在伯罗奔半岛战争期间，修昔底德因一次由他指挥的军事行动失利，被剥夺指挥权，随后遭流放。这倒给了他机会，从交战双方的角度冷静观察事件，思考战争中充分暴露出来的人性的极端表现，从容写下传世不朽之作，细致、生动地记叙了雅典与斯巴达之间长达近三十年的战争（公元前431—前404年）——正是这场战争彻底动摇了雅典城邦在泛希腊世界的政治地位。开篇第一句是这样的：

雅典公民修昔底德所志之战（ξυνέγραψε τὸν πόλεμον），乃伯罗奔半岛人与雅典人相互厮杀之战，[战争]爆发即始笔书，因为他预料此为一场大战，比以往所有战事都更值一书；……动荡（κίνησις）如此之巨，不但发生在希腊人身上，也发生在相当一部分蛮夷身上，甚至于可以说波及人类的大多数。(Thukydides, *Historien* I, 1)

这段开场白表明，修昔底德的这部战争纪事的书名当译作《修昔底德所志之战》——古希腊人提到修昔底德的这部书时，就叫做 Θουκυδίδης ξυνέγραψε [修昔底德所志]。如今通行的古希腊故书的西文书名大多沿袭拉丁语译法，并不贴切。我们翻译古希腊原典如果不动脑筋跟从现代西人的译法，不仅走样，还容易徒添误解和歧义（柏拉图的《理想国》、普鲁塔克的《伦语》就是明显的例子）。我们已经用惯了的《伯罗奔尼撒战争史》这个书名丢失的细微含义实在不少。首先，"尼撒"是希腊文"半岛"的音译，雅典城邦的生活感觉倚靠大海，半岛人与雅典人的战争无异于靠陆地为生与靠海洋为生的人之间的战争。第二，修昔底德强调的是"伯罗奔半岛人与雅典人之战"，重点在于"相互厮杀（ἐπολέμησαν πρὸς ἀλλήλους）"，译作《伯罗奔半岛战争史》显得单方面强调伯罗奔半岛，有违修昔底德的本意。第三，修昔底德让自己在记叙中以第三人称现身，称"雅典民修昔底德所志（Θουκυδίδης Ἀθηναῖος ξυνέγραψε）"。ξυγγράφειν [记叙] 的字面含义看起来是以汇集整理各种材料的方式记叙历史事件，近似我国古代的所谓"述"而非"作",或者说相当于我国古代所谓的"编修"。然而,修昔底德的"述"并不隐藏"我",反倒通过笔下的"他[修昔底德]"让当时的"我"处于逐渐彰显的过程。如果书名本身丢失"修昔底德"之名,不能不说是一大遗憾,也对不起修昔底德。

古人称修昔底德为 ὁ συγγραφεύς [纪事家],以有别于诗人(ὁ ποιητής) 荷马。ὁ συγγραφεύς [纪事家] 与 ἱστοριο-γράφος [史记家] 没有差别,但诗人荷马的诗作同样是纪事,因此被称为"史诗"诗人,两者有何区分?诗人荷马的纪事是神话式纪事,而非探究式纪事。如今的 history 源于希罗多德的 ἱστορία [探究],history 的原义并非"史",而是"追根溯源"(ἱστορεῖν),从而是哲学性质的探究纪事:自然哲人的探究是希罗多德的 ἱστορία [探究] 纪事的基础。修昔底德对自己写这部纪事书的方法有明确的自觉意识,他说,修昔底德记叙这一历史事件不是为了今后人们还会偶而谈起这场战争,而是要为人类生活提供一笔"永久的财富"(κτῆμα ἐς ἀεί),"让那些想从过去的事件获得某种确实的东西的人借此根据人性(κατὰ τὸ ἀνθρώπινον) 去预测将来发生的事情"(卷一 22)。对于有别于荷马,修昔底德有明确的自我意识,对于赶超希罗多德,修昔底德也信心十足,因为他认为自己的纪事是在深入思考战争与人类生活的关系——这场战争如何改变了人性、人性如何堕落到极点,在此之前,还没有哪个纪事家达到了如此哲学深度。既然修昔底德立志通过记叙这场战争探究所有人类战争的性质,这部传世之作的书名最为稳妥的译法恐怕最好莫过于"战争志"。

修昔底德的这部传世之作笔法高超,善于将自己的深邃见识形之于或藏之于笔端,绝非如今实证史学所谓的客观实录一类史书。如果将书名译作"战争史",难免削弱修昔底德纪事的典范意义——"着书之业,真能独立改制而无依傍者,经籍所志,多不过五六人也"(金松岑,《文学观》),修昔底德无疑属于西方古典文史上"多不过五六人也"之一。用汉语的"志"来对译 Θουκυδίδης ξυνέγραψε [修昔底德的记叙] 也许更为恰切,首先,"志"通"誌",作为动词意为"记载、纪事",作为名词意为"纪事的书"。第二,"志"出于"情",发为"志向、向慕、目标",修昔底德记叙的雅典民主政制的 δημαγωγός [人民领袖] 挑起的这场战争恰是某种"情志"或"志向"的表达,所谓"战争志"隐含的意思是战争情志。第三,我国古代文史的"志"还带有政治哲学意蕴。《左传·昭公二十五年》有言:"审则宜类,以制六志"(孔颖达疏:"此六志,《礼记》谓之六情。在己为情,情动为志,情志一也")。杜预注则曰:"为礼以制好恶喜怒哀乐六志,使不过节。"从而,"志"暗含学会节制的意涵。通过"战争志",修昔底德正是要探究人的政治情志与节制的关系。

在开场白中,修昔底德把这场战争称为"如此巨大"的"动荡"(κίνησις)。所谓 κίνησις 的原义是"运动",尤其"运动"过程,由于首先指自然物体的运动——从天体物体的运动到人体的情绪运动,这个语词还包含"运动"规律的含义。但在这里,这个语词的意思明确指的是作为政治大动荡的战争，修昔底德让读者感觉到，所谓"动荡"表面上指战争本身的动荡，实际上还暗含雅典人和伯罗奔半岛人政治情绪的动荡和如此情绪被战争激发到极端状况的过程。可以说，修昔底德虽然是在记叙一个历时三十年的事件，但他的眼界和心志似乎要与哲学的视界比个高低。反过来看，如果我们按如今的史学习惯把修昔底德称为所谓史学家，就难免用我们的低矮眼界看低修昔底德——格瑞纳的《古希腊政治理论》初版时的书名为 Man in his Pride: A Study in the Political Philosophy of Thucydides and Plato，可见本书作者没把修昔底德视为史学家，而是视为"政治哲人"。

柏拉图对于我们来说同样耳熟却未必能详。我们都知道柏拉图是大哲人，但我们往往忽视柏拉图首先是纪事作家，而且主要以一个人的人生纪事——苏格拉底纪事为中心。柏拉图的哲学几乎无不是以纪事的形式呈现出来的，这使得我们必须考虑柏拉图哲学的品质。不仅如此，柏拉图还以书简形式提供了关于自己的纪事。在柏拉图的传世作品中，虽然这一部分纪事所占篇幅不大，分量却不可谓不重。由于柏拉图在他的苏格拉底纪事中几乎不见踪影，不像修昔底德那样，在自己的战争纪事中以第三人称现身，柏拉图的书简就成了理解他的苏格拉底纪事非常重要的线索——就此而言，柏拉图的书简与他的苏格拉底纪事的关系，的确堪比修昔底德纪事的分身术。

《古希腊政治理论》的作者是芝加哥大学古典学教授，著名古典学家伯纳德特的老师（参见伯格/戴维斯编，《古典诗学之路》，肖涧译，北京：华夏出版社，2015）。作者"并不打算把修昔底德与柏拉图各自视为正统意义上的纪事家与哲人",而是打算把修昔底德看作哲人,把柏拉图看作纪事作家,而且明显有两者对观的意图。面对这样的原典研读,如今大学文科的专业意识会感到无所适从,因为我们的史学专业意识不会把修昔底德的《战争志》作为富有哲学思考的经典来研读,我们的哲学专业意识不会去关注柏拉图作品的纪事笔法,我们的文学专业意识则既不会去关注修昔底德的纪事(那是史学专业的事情),也不会去关注柏拉图的纪事(那是哲学专业的事情)。本书甚至也会让我们的政治思想史专业意识感到无所适从——重版本书时,作者把书名改为 *Greek Political Theory*:*The Image of Man in Thucydides and Plato*,似乎要以修昔底德和柏拉图的纪事个案来呈现"古希腊政治理论"这个大题目,在我们看来当然是"以偏概全"。但我相信,本书肯定比一般的思想史书更能让我们深切感受到"古希腊政治理论"的内在脉动。反过来说,如果不深入经典作品的细节,我们的政治思想史专业意识不可能真正变得"专业"起来。

2011 年 8 月

古典学与灵魂政治学

二十世纪末期,西方学界曾发生过两场涉及西方古典文史的论争:一次关于古希腊修辞学,一次关于古典隐微论。这两场论争之间没有直接关系,却牵涉相同的问题——即公共言辞、公民教育与民主政制的关系。

与如今语言学意义上的修辞学不同,古希腊的修辞学实际上是因应民主政制而出现的一种政治理论。我国古代先贤也重视修辞,但我国古学的确没有"修辞学〔术〕"这门学问,因为我国古代没有出现民主政制。古希腊的修辞学出自新派知识人——史称"智术师派",而智术师的得势与雅典进入民主政制时代有直接关系,以至于如今有人称他们是"最古老的民主理论家"。由于智术师派大多是民主政制的拥护者,反智术师派则是贵族政制的拥护者,雅典民主时代出现的围绕智术师派发明的"修辞学"的古老论争,实际上是一场关于何种政制更好的论争。智术师派的文典大多没有流传下来,在现存的雅典文典中,今人能够看到的主要是以阿里斯托芬和柏拉图作品为代表的反智术师派的文献。显然,智术师派倡导的修辞学遭到驳斥,无异于民主政制文化的优越性遭到驳斥。在"民主"已经被奉为"普世价值"的今天,如何面对古希腊雅典时代的经典作家对智术师派及其修辞学的尖锐驳斥和批判,自然就成了当代西方学界不得不面临的一大问题。换言之,当代西方学界面临着这样一种尴尬:作为民主政制的拥护者,当代西方的自由民主派学人成了自己的古希腊先贤所痛斥的"智术师"。为了摆脱这一困境,拥护民主政制的当代西方学者只有一条路可以选择:为雅典的智术师派翻案或为其修辞学正名。这样一来,他们就让自己处于与阿里斯托芬和柏拉图为敌的位置,而他们的智慧又不足以反驳阿里斯托芬和柏拉图。

笔者选编的《古希腊修辞学与民主政制》(冯庆、朱琦等译,华东师范大学出版社,2015)中的前四篇文章反映的就是当代西方政治文化学界所面临的上述尴尬。由此我们可以理解,为何在二十世纪末期(大约八十年代),本来属于古典学研究对象的古希腊修辞学会一度成为政治理论的热门话题。

进入二十一世纪以后,古希腊修辞学这个一度热门的话题在政治理论界已经不再热门,另一个在八十年代几乎同时出现的热门话题却至今没有冷却下来——这就是因施特劳斯唤起对西方文史中的双重写作传统的关注所引发的围绕古典隐微论的争议。《古希腊修辞学与民主政制》中所收马腾的《哲学的内传与外传》是一篇标准的古典学论文，简明扼要地介绍了双重教诲传统的古希腊来源；巴格雷的《论隐微论的实践》和弗拉泽的《古今隐微论》则可以让我们对围绕古典隐微论的当代争议获得一个历史性概观。十分明显，围绕古典隐微论的争议，实际上涉及的是如何理解民主政制的正当性问题。古典隐微论的要害在于，自由民主政制并非最不坏的政制——在苏格拉底眼中，它是次坏的政制。由此可以理解，为何当代的自由民主派政治理论家们一定要揪住这个问题不放。

无论古希腊修辞学还是古典隐微论，都涉及公共写作问题，因为，隐微/显白双重写作面对的就是公众问题。现存西方文典中最早专论公共写作的完整经典作品当数柏拉图的《斐德若》——在这篇作品中我们看到，文学青年斐德若迷恋当时著名的修辞家吕西阿斯的文章，苏格拉底与斐德若单独对话的重点却是灵魂的种种类型及其疯癫问题。这意味着，公共写作可以出自灵魂的疯癫，也可以激发灵魂的疯癫。即便在基础教育普及的今天，也并非每个识字的人都有写作的欲望。从某种意义上讲，写作的确是一种灵魂的疯癫。

《斐德若》既是写作论，也是灵魂论——有什么样的灵魂，就会有什么样的写作（比较《王制》中的著名论题：有什么样的灵魂，就会有什么样的政制）。公共写作论与灵魂论在《斐德若》中的重叠，展示的是公共写作与灵魂政治学的关系。苏格拉底所揭示的灵魂政治学的要点在于：世人的灵魂天性有高低等级之分——灵魂品质的高低就像大人比小孩高（279a6-7）。苏格拉底把灵魂等级分为九品（248d1-248e3）：第一品属于热爱智慧或热爱美［高贵］之人（philokalos），第二品属于好君王，第三品是善于齐家治国的君子（古希腊人称为 politikos［治邦者］）。专事摹仿的诗人（poietikos）或艺术家的灵魂为第六品，仅高于第七品的工匠或农人。再往下就是不好的灵魂了：智术师（sophistikos，如今所谓"公共知识分子"）为第八品，他们被视为蛊惑民众者（demokopikos）。最低的灵魂品级属于坏君王——僭主（比较《王制》中的政制等级：民主政制之后是僭主政制）。在这九品灵魂中，与公共写作直接相关的灵魂类型有三品：热爱智慧者或美［高贵］的人、诗人（如今广义的作家）和智术师。第一品灵魂未必热爱公共写作，如果他们热爱公共写作，肯定不是因为写作本身，而是为了共同体生活的德性品质。真正天生热爱公共写作的灵魂类型恐怕仅有诗人和智术师，但这两类灵魂未必热爱智慧或高贵。《斐德若》虽然仅是苏格拉底与文学青年斐德若的单独对话，但话题针对的是在雅典民主时代鼎盛时期活跃的智术师忒拉绪马霍斯和他的学生吕西阿斯，以及其他所有同时代的著名修辞家——《斐德若》是柏拉图提到智术师和修辞家最多的作品。在苏格拉底看来，智术师们的文章虽写得漂亮，言辞虽然厉害，灵魂品级却算不上优秀，因为他们的灵魂天性并不向往（遑论理解）高贵的东西，而是热衷"对世人能说会道和呼风唤雨"（《斐德若》273e6）。我们知道，在《王制》开篇讨论何为"正义"的场合，忒拉绪马霍斯"如同一头野兽"跳起来,用激愤的言辞扑向苏格拉底,指责苏格拉底说的一套是"胡说",并就何为"正义"发表了一通诡辩(《王制》336b 以下)。苏格拉底沉静地与他展开论辩,并轻易击败了他的诡辩——在此之后的整整九卷中,苏格拉底都不是在与忒拉绪马霍斯讨论何为"正义",似乎在接下来的讨论中,忒拉绪马霍斯根本插不上嘴。不过,我们从《王制》中对忒拉绪马霍斯实在所知甚少,并不清楚他是怎样一个知识人。在《斐德若》中柏拉图则让我们看到,苏格拉底对斐德若说:

> 在我看来,谈论老年和贫穷扯得来催人泪下,那位卡尔克多尼俄斯人忒拉绪马霍斯的力量凭技艺威力才大着呢。这男人厉害得能让多数人激愤起来,然后靠歌唱般的言说再哄激愤的人们昏昏欲睡——这是他自己说的哦。而且,无论是诽谤他人还是摆脱随便哪里来的诽谤,他都极其得心应手。(《斐德若》276c7 – d2)

可以看到,苏格拉底清楚知道忒拉绪马霍斯的灵魂样式:他是厉害的善于蛊惑众人的智术师。由此可以推想,正因为苏格拉底知道有什么样式的灵魂就会有什么样式的言辞或文章,他才会在《王制》中以简要的辩驳来驳斥忒拉绪马霍斯的诡辩,并不与他进一步讨论严肃问题——毕竟,苏格拉底知道,这种人的灵魂根本没法理解严肃问题。

苏格拉底提出,任何与文字打交道的人都应该懂得,

"［自己］所写的东西其实微不足道"（278c9），除非"与正义的或好的事情的真实沾边"（272d6）。毕竟，言辞或文字天生具有这样的政治性质：要么为了教诲，要么为了劝说世人（277c5－6）。换言之，言辞或文字既可被用来蛊惑众人，也可被用来施行德政——刘勰所谓"雕琢情性，组织辞令，木铎启而千里应，席珍流而万世响，写天地之辉光，晓生民之耳目矣"（《文心雕龙·原道第一》）。既然如此，任何与文字打交道的人首先必须而且应该搞清楚什么是真实的正确和不正确，什么是真实的好或坏，而非凭靠自己的三寸不烂之舌或生花妙笔鼓吹时髦的政治偏见。针对雅典民主时代的修辞家，苏格拉底毫不客气地说：

> 吕西阿斯也好，别的谁也罢，已经写过也好，将要写也罢，替常人写也好，替民政写也罢，立法也好，写治邦文书也罢，如果这个写手以为［自己的］文字中有什么极为牢靠、明晰的东西，那么，他就当受到如此谴责——无论是否有人说出谴责。毕竟，无论醒着还是在睡梦中，只要对正确与不正确、坏与好稀里糊涂，就绝对逃脱不了有谁凭靠真实提出的谴责，哪怕乌合之众全在捧它。（277d6－e2）

可是，问题在于，并非任何类型的灵魂都有热情和心志去搞清楚什么是真实的正确和不正确，什么是真实的好或坏。换言之，无论热衷政治还是热衷文字（甚至热衷学问）的人，都未必关心真实的正确和不正确、真实的好或坏。因此，对于无论热衷政治还是热衷文字（甚至热衷学问）的人，苏格拉底要求我们首先需要辨识其灵魂形相。反过来，苏格拉底也要求与文字打交道的人首先必须搞懂世人灵魂的天性差异，针对不同的灵魂天性采用不同的言辞样式："给五颜六色的灵魂提供五颜六色、和音齐全的言辞，给单纯的灵魂提供单纯的言辞。"（277b9 - c3）民主政治文化的写作论基于普遍人性论，由于这种人性论抹去了世人灵魂的品级差异，无论诗人还是公共知识人的写作就很容易成为自我欲望的表达，仅仅追求吸引眼球。在搞公共写作的人的灵魂中，不再有苏格拉底所说的那种热爱智慧的热情（《斐德若》279a8 - b1）。

西方近代几百年的历史被称为走向现代民主政制的历史，伴随这个历史进程的是，源于俗语研究的语言学日益成为基础性学科。众所周知，自索绪尔以来，源于启蒙运动的语言学变得越来越智术化，二十世纪的结构主义语言学及其文论把这种智术化推向了极致——什么"能指""所指"，什么"历时性""共时性"，让学人的脑筋忘却灵魂的常识性教养。在整个二十世纪的西方学界，语言学及其文论几乎成了执牛耳的学科——我国学界晚近三十年也很快跟上了这一步伐。可以说，现代的语言学庶几相当于雅典民主政制时代兴起的修辞学。不过，迄今我们还没有明确意识到，智术化的语言学与现代民主政治文化具有相辅相成的内在关联。《古希腊修辞学与民主政制》中所收戈斯曼的论文虽然题为"文学教育与民主政制"，主要讨论的却是二十世纪结构主义文论关于民间口传与文学写作的差异论,其隐含的问题是:写作是否应该是大众的事情。由此我们可以更好地理解古典的写作论:正是由于遗忘了灵魂的政治学转而追求实现普世的欲望,公共写作就不会再有高贵的冲动把人们的灵魂引向高贵伟大的品质。

古典的政治学与性情学

在亚里士多德那里，知识按性质被分为三类：静观的知识、实践的知识和制作的知识。静观的知识指人凭靠抽象思考获得的关于自然万物的"理"识（物理、数理、心理、天象之理），自然万物按自身法则变化，认识这些法则的思辨活动本身并不涉及认知者自身的行为，因此是静观的认知（参见《尼各马可伦理学》卷一，第1－3章；卷六，第1－2、4－5章）。与此不同，人获得实践的知识不是为了认知自然的理则，而是为了实现自身行为的善，"不是为了知道什么是善，而是为了做一个好人"（《尼各马可伦理学》卷二，1103b26）——关于这类知识，流传下来的亚里士多德最重要的讲课稿即《尼各马可伦理学》和《政治学》。用现在的话说，伦理学和政治学是实践哲学。人获得"制作"的知识为的是使事物成为可用的东西，似乎有如今天所谓的实利性知识。然而，从流传下来的亚里士多德关于这类知识的讲课稿《修辞术》和《诗术》来看，"制作"的知识仍然是关于城邦人德性的知识，并非如今所谓容易找工作的技术专业知识。"政治"这个语词源于希腊文的"城邦"，"政治学"的原初含义是"城邦[治理]术"。由此来看，实践的知识和制作的知识都具有政治性质，或者说都与城邦生活的德性相关，静观的知识则可以与城邦生活不相干。

《尼各马可伦理学》开头有一个简短的导言（卷一，第1－4章），明确说的是政治学话题。我们必须自问：亚里士多德讨论伦理学为什么要以关于政治学的话题起头？导言快结尾时亚里士多德说，从一个人过什么样的生活可以看出他如何理解幸福。关于什么是幸福，不同性情的人会有不同的意见。在一般人看来，幸福等于获得谁都能看得见的快乐、财富或名誉一类的东西（1095a18）。亚里士多德随后就说，谁想要听关于高尚[美好]和公道的讨论，亦即一般而言关于政治之事的讨论，谁就需要凭靠习性成为高尚之人（1095b5）。这话听起来非常含蓄，意思很多。首先，获得令人羡慕的快乐、财富或名誉，并不意味着懂得何为高尚和公道；第二，懂得政治首先意味着懂得何为高尚和公道；第三，谁如果想要关心政治[城邦]，首先得让自己成为高尚之人。由此看来，亚里士多德对于想要跟他学习《政治学》的人提出了自我认识的要求——"伦理学"的实际含义是"性情"学。《尼各马可伦理学》以政治［城邦］学的话题开头,意味着伦理学在亚里士多德那里关涉的是某类性情的人的自我认识。亚里士多德紧接下来就说:

> 大多数人和最为天然的人显得并非没有理由地根据人们所过的生活来假定,快乐就是善,就是幸福。由于这个理由,他们满足于一种沉溺于享乐的生活。所以,有三种生活方式尤其被认为是主要的生活方式:刚刚提到的那种［生活］、政治的生活和第三种——沉思的生活。大多数人显得完全是受奴役的,因为他们宁愿过属于脑满肠肥的牲畜般的生活,当然,他们碰巧得到允许,因为大多数有权力的人也分享撒尔达纳帕鲁斯的感觉。①

这段话是《尼各马可伦理学》的实际开头(卷一第5章起头),话题明显来自前面关于政治学的说法。亚里士多德区分了三种生活方式,无异于区分了人的三种不同性情:常人的生活方式、政治的生活方式和沉思的生活方式。如果与三种知识类型对应起来看,我们兴许可以说,沉思的生活凭靠静观的知识,政治的生活凭靠实践的知识,但我们显然不能说,常人的生活方式凭靠制作的知识。很难设想,常人或如今的大多数大学生会觉得自己需要进亚里士多德的学园来学习关于制作的

---

① 《尼各马可伦理学》,1095b14-21,依据 Joe Sachs 英译本迻译。英译按:撒尔达纳帕鲁斯是公元前九世纪的亚述国王,他的座右铭是"吃喝玩乐,其他任何事情都不值得抬一下指头"。

知识，因为，在亚里士多德那里，制作的知识显然以政治［城邦］的知识为前提，而政治的知识又以关于高尚和公道的知识为前提。严格来讲，"大多数有权力的人"也不会觉得自己有需要进亚里士多德的学园来学习政治学。倘若如此，我们就不得不问一个问题：亚里士多德在自己的学园讲授政治学究竟讲给谁听？按前面的说法，谁如果想要关心政治，首先得让自己成为高尚之人，现在我们就得问：在过这三种生活方式的人中，哪一类人才可能觉得自己有欲望要成为高尚之人？没有搞清这些问题，我们读亚里士多德的《政治学》恐怕难免自以为读懂了而其实未必……

亚里士多德说到三种生活方式的区分时，享乐生活方式的主体用的是"多数人"（πολλοί），这个语词的用法只能是复数，"政治人"和"静观者"（θεωρητικός）则可以是单数用法，似乎三种生活方式的区分无异于大众性情与少数人性情的区分。亚里士多德随后进一步说到常人与政治人的生活方式的性质，对沉思生活的性质则按下不表，似乎沉思生活的性质不成其为问题。但亚里士多德说，常人的生活方式是奴性的、动物式的生活，因为常人"把快乐等同于善或幸福"。寻求快乐是人之常情，所谓奴性的生活或动物般的生活，指的是受自然欲望支配的未经选择的生活——动物的生活不是经过自己选择的生活。政治人的生活方式看重声誉，而声誉来自给予声誉的多数人，或者说来自城邦，因此，政治人的生活也不是自足的生活方式，或者说不是经过自己选择的生活。这样看来，唯有沉思的生活是需要自己经过选择才能够过的生活。倘若如此，成为问题的恰恰是沉思的生活方式,而非常人的和政治人的生活方式。亚里士多德转而说到财富对幸福生活的意义,我们很容易理解,财富与享乐的生活有密切关系。但凭常识我们也知道,沉思的生活方式也得以一定的财富为基础,因此,三种生活方式的差异首先在于如何使用财富或对待财富的态度,这就挑明了人的心性或性情差异问题。城邦人对幸福的理解不同甚至产生争议,这是最为基本的政治难题。这一难题的根源来自人的性情差异或者说德性差异,因为,所谓幸福(eudaimonia)不是一种状态,而是一种"合乎德性的行动",一种依据自身的德性而过的生活。如果说亚里士多德的伦理学要讨论的是成为问题的沉思生活方式,那么可以说,沉思生活方式之所以成为问题,乃因为在城邦共同体中,这种生活方式或德性不得不与常人的和政治人的生活方式或德性对比。

亚里士多德随后区分并逐一讨论了两类德性:性情德性[道德德性](卷二至卷五所讨论的勇敢、慷慨、心胸豁达等)和理智德性(卷六所讨论的正确判断、实践智慧等),再由理智德性引出生活方式问题(卷七到卷九),最后再回到快乐和幸福论题(卷十)。由此看来,《尼各马可伦理学》的根本问题是:沉思的生活方式何以堪称最幸福的生活方式。倘若如此,亚里士多德的伦理学关涉的是静观者的教育或自我认识,而非多数人的教育。这就把我们引向一个问题:亚里士多德的《政治学》究竟是什么性质——为什么在《政治学》中,亚里士多德又说到性情学问题:人类灵魂分为本能和理性两部分,理性部分又分为实践和玄想两部分,因为人类生活大致可以分为劳碌和闲暇两部分（《政治学》卷七，第 14 章）。

《尼各马可伦理学》不仅以政治［城邦］学话题起头，也以政治学话题收尾（卷十第 9 章的标题是"对立法学的需要：政治学引论"）。理解沉思的生活方式是理解亚里士多德的政治学的前提。严格来讲，唯有意愿过沉思生活的人才会觉得需要让自己成为高尚之人，从而才有资格关心政治［城邦］。可是，静观者的性情并不关心政治［城邦］。有人问毕达哥拉斯，别人称他为"爱智慧者"是什么意思，毕达哥拉斯打了一个比方回答说：有人参加庆典是为了竞技，有人是为了谋利，有人则仅仅是为了静观沉思（参见西塞罗，《图斯库卢姆谈话录》卷五，3.8 – 9）。庆典属于城邦生活，毕达哥拉斯的比方表明，"爱智慧者"并没有与政治共同体隔绝，但静观的生活（βίος θεωρητικός）又显得超然于城邦生活——为了静观沉思而参与城邦生活难道不是自相矛盾么？

《政治学》的出发点是"家庭"（卷一）和城邦，然后依次是"民人"（卷三）、政体类型（卷四）、政变和革命（卷五）、平民政体与寡头政体（卷六）。到卷七时出现了突转，起头谈的是入世从政还是过沉思生活的选择问题（第 1 – 3 章），结尾谈的是公民教育和贤人教育问题。最后一卷（卷八）进一步谈青年的音乐教育，与《诗术》有明显的相关性，因为所谓音乐包括"绝大多数形式的诗"。不过，亚里士多德并没有具体讨论诗术，仅仅提出了一个"前奏"（1339a13）：音乐驯化性情，可以培育道德德性，但道德德性显得是更高的理智理性教育的基础。换言之，亚里士多德所谈的音乐教育似乎针对的是少数人的性情,而非常人的性情:毕竟,音乐的作用不是"同娱乐连在一起的闲暇"(1338a21-22),而是通过熏陶性情和灵魂培育判断和欣赏"公道性情和高尚行为"的能力(1339b42)。无论在《诗术》还是在《修辞术》中,我们可以看到,亚里士多德讨论的都不是常人或"大多数有权力的人"会关心的问题。反过来看,亚里士多德的《政治学》关心的问题很可能是:有意愿过沉思生活的人如果要入世从政必须或应该知道什么。倘若如此,要恰切地理解《政治学》,恐怕也必须与《尼各马可伦理学》和《诗术》结合起来读。

亚里士多德的《政治学》以音乐教育收尾,现代的政治学教科书绝不会如此结尾。这让我们想到一个问题:现代政治学的教育对象是谁。无论如何,从现代的政治学专业视域出发,恐怕很难理解亚里士多德的《政治学》。幸而政治学专业在如今的大学中虽然非常活跃也非常重要,但政治学系的学生们并非一定要读亚里士多德的《政治学》不可。即便要读的话,也会从现代民主宪政的实际问题出发,而非从亚里士多德自己的问题出发。反过来说,如果我们要读亚里士多德的《政治学》,恐怕就得暂时把如今的政治学专业意识搁在一边。

亚里士多德的《政治学》已经有多个中译本,但我们直接读原著仍感到困难重重。西方学界已经有好几种义疏性质的《政治学》识读,戴维斯的《哲学与政治》(郭振华译,北京:华夏出版社,2012)从亚里士多德心目中的沉思生活与"城邦"的关系问题出发来识读《政治学》,把《政治学》放到《尼各马可伦理学》和《诗术》的织体脉络中来理解,颇有见地。作者是著名古典学家伯纳德特的学生，博士毕业后几乎一直在博雅学院教书，虽然早就当上教授，迄今还没有带博士。博雅学院仅有本科建制，除了学习古典语文，学生们的主要功课是习读历代经典——也就是说，本科教学以核心经典课程为基干，而非学习貌似好找工作的各类实用性文科专业知识。本科生能在博雅学院获得这样的教育，首先要求教师自己能够识读和讲解经典。戴维斯长期在博雅学院专心致志识读和讲解柏拉图尤其亚里士多德原典，乐此不疲，并不在意是否在世界一流大学当博导。他绎读亚里士多德《诗术》的《哲学之诗》（陈明珠译，华夏出版社，2011）也颇有心得，与《哲学与政治》堪称姐妹篇，值得合起来读。

古罗马史家与政治史学

在汉语学界，撒路斯提乌斯（C. Sallustius Crispus，约公元前86—约前35年［汉昭帝始元元年—汉元帝建昭四年］，现代西语通常简称Sallust［Salluste］，中译名亦简称"撒路斯特"）的名气远不如维吉尔。在西方文教界，撒路斯特的纪事作品却是比维吉尔的叙事诗更为普及的拉丁语文学经典读物。虽然早在撒路斯特之前，恩尼乌斯（Ennius，公元前239—前169年）已经写过《编年纪事》（*Annales*），著名的老卡图也写过《史源》（*Origines*），可惜都未能流传下来。声名显赫的纪事作家珀律比俄斯（Polybios）和珀赛多尼奥斯（Poseidonios）与撒路斯特差不多同时代，但他们是希腊人，用希腊语写作。恺撒是撒路斯特的前辈，而且也用拉丁语写纪事，但他写的不是共和国纪事，而是征服蛮夷的经历……总之，撒路斯特是实际上用拉丁语写作古罗马共和国纪事的第一位罗马人。

古罗马的重要诗人和作家大多出生在乡下，并非土生土长的罗马城人——著名诗人和作家中，唯有恺撒出生在罗马城。撒路斯特的出生地在萨宾（Sabin）地区的 Amiternum 小镇，位于如今意大利的 Aquila 附近：沿 80 号高速往西，绕过 Gran Sasso 就可到达撒路斯特的故乡。撒路斯特出身于骑士家庭，这种出身的子弟一般会被家长送到罗马城里去念书，日后寻求仕途上的发展。撒路斯特在罗马城获得的不仅是良好的古典文学教育，也目睹了共和国晚期政坛的风云诡谲。政治派系相互倾轧，要在政治事功上有所作为，就必须进入派系……撒路斯特投身恺撒麾下，一说他英勇善战，后来晋升为方面军司令，统率多个军团四处征战；一说他指挥打仗并不怎么样——无论如何，撒路斯特跟随恺撒后毕竟有了一段作战生涯。恺撒遇刺之后，撒路斯特失去靠山，他自己则说对权势争斗心生厌倦，总之，这时撒路斯特决定退出政坛，专致于写作共和国晚近纪事——元老级别的政治家退休后有了闲暇才会写回忆录（比如著名的小卡图），撒路斯特并非如此，他把退修共和国纪事当成了自己真正的政治事业。

撒路斯特写下的第一部纪事即传世不衰的《喀提林阴谋》(*Catilinae coniuratio*，成于约公元前 43—前 42 年间)，记叙共和国晚期的一场著名的未遂政变始末。事发当年（公元前 63 年），执政官西塞罗果断采取铁腕手段平息政变，因此而得"共和国救星"的美誉。撒路斯特的纪事并没有以西塞罗与喀提林的较量为主线,甚至刻意淡化西塞罗的功绩,以至于以今天的史学观点来看,这部纪事很难算得上严格意义上的史书。然而,对于撒路斯特来说,纪事写作的目的不是收集"史料",像如今我们的史学家喜欢说的那样,忠实、客观地记叙历史事件,而是通过对历史事件的文学性记叙探究共和政制的道德政治状况。如果我们用现代的实证史学原则来衡量撒路斯特,无异于矮子衡量高人——撒路斯特纪事写作的楷模是古希腊的纪事作家修昔底德,修昔底德的纪事并不符合如今的实证史学原则,如施特劳斯所说,只能称之为"政治史学"。撒路斯特的纪事写作与此一脉相承,当称之为古罗马的政治史学。"政治"这个语词的原始含义是"城邦",在古罗马叫"共和国",因此,"政治史学"总是与城邦或共和国的命运维系在一起,共和国史学必然就是"政治史学"。

政治史学预设自由和帝国是(这并非不合情理)人类的伟大目标——预设自由和帝国是令人赞慕的正当目标。自由和帝国引发许多庞大共同体最伟大的奋斗。这种伟大令人惊叹。这种伟大能为每个人所见或所感,而且正是这种伟大影响着每个人的命运。政治史学的主题是重大的公共性主题。政治史学要求这一重大的公共性主题唤起一种重大的公共性回应。政治史学属于一种许多人参与其中的政治生活。它属于一种共和式政治生活，属于城邦。①

命运总是当下存在，并在冥冥中决定着被支配者的未来，已经过去的命运，就不再成其为命运。因此，政治史学以某个当前的重大历史事件为个案，以文学性的纪事笔法来探究城邦或共和政制的基本难题，有如与城邦或共和国的命运搏斗。修昔底德的《战争志》出自他亲身经历和目睹过的战事，《喀提林阴谋》记叙的是撒路斯特自己在二十多年前所目睹的一次共和国危机——如莫米利亚诺所说，古希腊罗马史学都是"当代史"。②

撒路斯特写下的第二部传世之作是《朱古达战争》（Bellum Iugurthinum，成于约公元前41—前40年间），记叙撒路斯特出生前二十多年（公元前111—前105年间［汉武帝元鼎六年—汉武帝元封六年］）的朱古达战事，有如我们记叙民国往事或新共和之初的战事。这部纪事作品同样不是实录性史书，即便撒路斯特随后写的多卷本《［共和］纪事》（Historiae，五卷本），采用编年体记叙苏拉死后（公元前78年）至喀提林政变前不久（公元前67年）的共和国史，仍然不是实录性史书——可惜这部著作只留下残段，仅四篇演说辞、两通书简较

---

① 施特劳斯，《修昔底德：政治史的意义》（彭磊译），见施特劳斯，《古典政治理性主义的重生》，郭振华等译，北京：华夏出版社，2011，页130。

② 参见 Arnaldo Momigliano，《传统与古典历史学家》，见《新史学》，1 (2003)，页21。

为完整（证明此书出自撒路斯特手笔的是其中"致恺撒的信"和一首讽刺西塞罗的短诗）。可以看出，以自己的从政经历为基础，撒路斯特的三部纪事实有内在关联：《喀提林阴谋》突出体现了对共和国晚期政治危机的关切，《朱古达战争》是《喀提林阴谋》的延伸，《共和纪事》恰好把《朱古达战争》与《喀提林阴谋》连接起来，由此构成了共和国晚期政治史系列。

大约在我国秦汉之际，经过与西面迦太基的三次战争（公元前264［周赧王五十一年］—前146年）和与东面马其顿的三次战争（公元前214［秦始皇三十三年］—前167年），罗马共和国崛起为地中海地区大国。罗马人把这个具有决定性意义的战争世纪视为共和国史的巅峰时期：在连续不断的战争中，古罗马共和国的"先烈"们锻造了共和国的 virtūs［德性］。然而，一个政治共同体难有永久的繁荣和稳定，一百多年后，在今人看来近乎完美的共和政制已然深陷权力阶层的腐败和倾轧不能自拔。古罗马共和国晚期堪称典型的政制危难时代，形形色色的政治动乱为生逢其时的撒路斯特提供了丰富的思考政治的材料：童年时期，他遇上第一次共和国内战（公元前82—前79年），青年时期遇上西班牙地区的瑟托留（Sertorius）起义（公元前80—前72年）和斯巴达克斯（Spartacus）领导的奴隶暴动（公元前73—前71年）——成年后先目睹庞培（Pompeius）剿灭海盗之战和征讨东部地区的米忒里达特（Mithridates）之战（公元前67—前63年），随后又目睹罗马城里的喀提林政变（公元前63年）。恺撒平定高卢动乱期间（公元前58—前51年），撒路斯特跟随恺撒，实际上参与了庞培与恺撒之间的第二次共和国内战（公元前49—前45年）。恺撒遇刺（公元前44年）后，撒路斯特又经历了第三次共和国内战：谋杀恺撒的一派与渥大维（Octavianus）和安东尼（Antonius）为争夺权力相互厮杀。

尽管政治阅历极为丰富，亲历过诸多重大历史事件，撒路斯特最初的两部纪事分别选取的是国内政变和对外战争，似乎一个涉及内政、一个涉及"国际关系"——其实不然。在陈述自己写作《朱古达战争》的意图时，撒路斯特明确提到这次战争与国内政治的关系（参见《朱古达战争》，5），表明《朱古达战争》实际上仍然涉及的是内政：《喀提林阴谋》揭示了共和国政治高层的腐败与政变的关系，《朱古达战争》揭示了共和国军事高层的腐败与战事的关系——两书关注的都是共和国领导阶层的道德品质问题。撒路斯特的两部纪事让人们看到：优良的政制首先取决于领导阶层的德性品质，共和国领导阶层的品德败坏必将断送共和政制。反过来说，共和政制再完美，如果领导阶层品德败坏，共和政制必然会衰败。如今的实证史学原则要求史家关注的是各种人世力量与事件过程的复杂交织，找出历史事件的形成过程和演变方向。古典的政治史学并非不在乎这些所谓历史事件的要素，然而，古典史家的确更看重历史事件的道德-政治含义。这就要求大家必须探究政治事件中各色重大行为的善恶、对错、优劣，探究历史人物的道德品质和灵魂品格，而非仅仅描述事件过程或权力冲突本身，把心思和精力全用于挖掘材料，孜孜以求还原历史真面目。古典纪事的目的是政治教育，如亚里士多德所说，"涉及人的行为的纪事"，有益于人们"了解政治事务"（《修辞术》1360a36）。历史的本来面目并不会自动教育人，为了教育（docere）政治人，纪事作家需要用自己的纪事笔法"抓住"（delectare）人、"感动"（movere）人。因此，纪事本质上属于文学作品——用西塞罗的说法，属于"演说性质的作品"（opus oratorium，《论法律》，卷一 5）。可以说，政治史学必然带有道德政治立场，而非像现代实证史学那样，高标所谓史学的客观中立性——事实上，实证史学能否真正做到道德政治立场的中立，仍然未能摆脱质疑。倘若如此，我们就值得关注，撒路斯特从哪里获得纪事写作的道德政治立场。

只有政治成为重要之事，政治史学才将成为重要之事。只有政治成为至关重要之事，政治史学才将达到其顶峰，才将成为至关重要之事。然而，仅仅对于那些更想拯救其城邦而非其灵魂的人们（如某些佛罗伦萨人那样），亦即那些受共和式德性精神、城邦精神所支配的人们，政治才是至关重要之事。可是，受城邦精神支配的人将无法成为完全意义上的政治史家。一位古代评论家说，政治史家必定是邦外之人，是无邦之人，是超越城邦之人。政治史家必定不仅仅是个公民，甚至不仅仅是个治邦者：他必定是个智慧之人。政治史预设，智慧之人认为，对于悉心而同情地描述政治生活而言，政治生活本身相当重要；而这个预设包含着一个悖论。智慧之人始终会倾向于轻视政

治生活，轻视其喧闹扰攘与绚丽荣耀。（施特劳斯，《修昔底德：政治史的意义》，前揭，页130）

施特劳斯关于"政治史学"的这段说法连续用了两个转折连词，意在突显政治成为"至关重要之事"的两种可能情形。第一种情形表明，政治之所以"至关重要"，乃因为对有的人来说，拯救城邦或共和国比拯救自己的灵魂更重要——括号中的"某些佛罗伦萨人"会让我们想起《佛罗伦萨史》的作者，正是这位"史家"开创了背离古典史学道德原则的先河。第二种情形表明，真正的政治史家当是首先关心灵魂正义的智慧之人，这种人的生活旨趣本来"超越城邦"、超越政治、超越共和国的利益。对这种人来说，政治之所以变得"至关重要"，乃因为他毕竟仍然是城邦中人，毕竟是共和国公民。在这种政治史家那里，政治与超越政治的灵魂问题必然勾连在一起，因为他必然关切灵魂的政治处境。

《喀提林阴谋》和《朱古达战争》开篇说的都是人的灵魂品级，读起来像是哲学论著的开头，而非史书的开头，表明撒路斯特模仿的是后一类政治史家。撒路斯特熟悉古希腊的哲学和纪事作品，熟悉古希腊修辞术传统——古典语文学家经过细致的文本研究查明，撒路斯特的纪事明显有模仿柏拉图、修昔底德、伊索克拉底（Isocrates）、德摩斯忒涅（Demosthenes）甚至廊下派作家珀赛多尼奥斯的痕迹，并且断定，他的写作楷模主要是柏拉图。这无异于说，柏拉图是政治史学的教师。柏拉图是古希腊的大哲人，如果撒路斯特的纪事写作模仿柏拉图，我们就可以说，撒路斯特也是个哲人。但翻开如今的哲学史书，我们在古罗马共和时代和帝国时代数不出几个哲人。在如今的哲学系念书，我们也不会遇到撒路斯特……因为，近代以来，尤其自普及康德哲学以来，我们已经习惯于仅仅把思考形而上学本体论和认识论的人视为哲人，仅仅把抽象的思辨言述视为哲学。有了这种虽不成文却影响广泛的哲学偏见，我们把西方思想史上好些伟大哲人逐出哲人之列，也就不奇怪了。可是，即便带有这样的偏见，我们也可以看到，柏拉图的作品并非抽象的思辨言述，作品中的主要人物苏格拉底并非整天在沉思形而上学本体论和认识论，我们显然不能说柏拉图不是伟大的哲人。事实上，柏拉图通过自己的苏格拉底纪事区分了两类哲人——自然哲人和政治哲人，前者好沉思出世间的理则，后者关切世间的善恶、好坏、对错、美丑、贵贱，因此政治成为"至关重要之事"。在柏拉图笔下，苏格拉底亲身经历过从自然哲人到政治哲人的转变，而且多次陈述过自己如此转向的理由。关切人事的政治哲学，最切实的言述样式当是纪事——无论诗体还是散文体。柏拉图学述基于苏格拉底纪事，采用夹杂叙事的戏剧体，但总体而言，柏拉图的哲学言述明显具有纪事性质：记叙苏格拉底这个真实历史人物的言行——苏格拉底某天在某处与某人（或某些人）谈论某个关涉城邦生活的问题。

一旦摆脱西方近代形而上学的影响让我们养成的盲目偏见，我们就可以恢复关于哲学的整全视野，看到撒路斯特的确堪称政治哲人。政治哲人与自己的政治共同体具有紧密的生存性关联，撒路斯特与共和国传统的关系，一如苏格拉底与雅典政制传统的关系。如果说撒路斯特的纪事写作从柏拉图那里获得了自己的政治哲学立场，那么，他的道德政治立场就来自古罗马共和国的政治伦理 Exemplum［典范］老卡图（Marcus Porcius Cato，公元前 234—前 149 年）。这个人生活在古罗马共和国崛起时激荡人心的年代，在实际政治中以立场强硬著称，积极支持第三次对布匿人开战，明确提出罗马人的政治目标是要消灭迦太基这个地中海地区与罗马对峙的政权——他的名言是：Ceterum censeo Carthaginem esse dēlendam［我认为迦太基必须被毁灭］（后来变成简洁的传世格言：Carthāgō dēlenda est）。在出任监察官期间，老卡图严格要求执政官员必须具有道德风范，以至于后来人们干脆叫他 Cēnsōrius［（共和国的）监察官］。对于共和国的政治文明建设，老卡图具有明确的自觉意识，他反对盲目崇拜古希腊文明，主张以罗马人自己 mōs māiōrum［祖先的习规］形塑共和国文明。老卡图不仅用拉丁语写下《史源》(Origines)，还写过一本农事书。毕竟，罗马人祖祖辈辈的生活凭靠的是黄土地，而非像希腊人那样凭靠蓝色的海洋。老卡图并非如今所谓的民族主义者，他并不排斥古希腊文明的具体成就——将希腊人恩尼乌斯带回罗马教希腊语的正是老卡图，他自己到老年还学希腊语，他的作品中随处可见古希腊修辞术的痕迹。老卡图在共和国史上德高望重，几乎成了共和国政治伦理的化身，撒路斯特以他为道德政治楷模并不奇怪。古罗马帝国时期的纪事家苏维托尼乌斯说他不过"拾卡图牙慧"，这反倒足以证明，就恪守共和国政治伦理传统而言，撒路斯特与老卡图一脉相承。

与修昔底德一样,撒路斯特是从战场上走来的纪事作家,这样的古希腊罗马纪事作家还可以举出色诺芬、珀律比俄斯、恺撒。我国古代鲜见这类政治纪事,撒路斯特的两部纪事篇幅较短(尤其《喀提林阴谋》),如果要体会古希腊-罗马政治史学与我国传统史学的品格差异,撒路斯特的作品是难得的范本。还应该提到的是,在撒路斯特时代,古典拉丁语尚未定型,仍在形成过程中。语文是文明的标志,有语言不等于有语文,语文得凭靠高贵灵魂的书写。撒路斯特的纪事作品为拉丁语文的精致和规范化做出的贡献,深得后世拉丁语诗人和作家(如贺拉斯、塞涅卡)赞誉和感激。尼采盛赞塔西佗的文风,塔西佗则盛赞撒路斯特,称他为奥古斯都之后最了不起的纪事作家。基督教大作家奥古斯丁也称赞撒路斯特是 nobilitatae veritatis historicus [高贵而又信实的纪事家](《上帝之城》1.5),尽管奥古斯丁仅想用他的作品来证明,罗马帝国的衰亡与共和国的衰亡一样,是源于自身腐败、咎由自取,不能嫁祸于基督教。也许是由于奥古斯丁的赞誉,即便在基督教的中世纪,撒路斯特的作品仍然受到重视。文艺复兴以后,撒路斯特的两部纪事自然成了学习古典拉丁语的典范教本,迄今如此。尽管好用日常俗语,撒路斯特的文风总体而言庄严、高贵,善于化用古希腊作家的修辞技法(对比语式、省略连词的松散连接、句子成分的交错配列)来搭建拉丁语句,避免呆板的文句和过长的从句——句型多姿,选词出奇,让读者保持清新的阅读感觉,似乎刻意与西塞罗的繁复文风形成鲜明对比。阅读撒路斯特纪事的拉丁语原文，的确可以感受到干净利落的语文魅力。①

如果说撒路斯特的史书让罗马共和国晚期的危机时代成了德性教育的样本，那么，让罗马帝国早期面临的政制危机成为德性教育样本的就是能与古希腊的希罗多德、修昔底德、色诺芬比肩的拉丁语纪事作家塔西佗（Pilip Cornelius Tacitus，约公元55—约117年），尽管今人不知道他具体生于何时、死于何时，出生地在哪里。可以确定的是，塔西佗年轻时曾学习法律，受过修辞术训练，有良好的文学修养——出任罗马帝国不列颠总督的阿古利可拉招塔西佗为女婿，古典学家据此推测，塔西佗出生于望族。

从事写作之前，塔西佗已有过丰富的政治经历，尽管今人所知甚少。塔西佗从军团官、市吏之类低级官职做起，大约三十出头时（公元88年）已升任司法官，这意味着他此前已做过财务官，因为在多弥提安皇朝（公元81—96年），晋升司法官必先经任财务官。尼禄皇朝期间（公元96—98年），塔西佗曾任候补执政官——据十九世纪末发现的一个铭文，塔西佗晚年还出任过罗马帝国驻亚细亚总督（公元113—116年）。

塔西佗说过，在多弥提安皇朝写纪事会掉脑袋。可见他早

---

① 上世纪九十年代，撒路斯特的两部传世作品已译成中文（王以铸、崔妙因译，《喀提林阴谋/朱古达战争》，北京：商务印书馆，1995），由于缺乏必要的文本解读和笺释，我们阅读起来难免有不少困难。西方学界的撒路斯特研究迄今新作不断，笔者选编的《撒路斯特与政治史学》（北京：华夏出版社，2010）中的四篇论文，或透析撒路斯特的修辞，或探究撒路斯特与修昔底德、悲剧诗人以及柏拉图的关系，当会有助于我们自己的研读。

就想写帝国纪事，但不敢下笔。如今，我们能看到的塔西佗作品仅五种——短制三种、大书两种。讨论演说术衰落的《关于演说家的对话》（*Dialogus de oratoribus*）是现存塔西佗最早的短制，西塞罗文风的影响很明显，与塔西佗后来的文风大为不同。十九世纪初，古典学家看到小普林尼在给塔西佗的一封信中影射过此作，才确信这一短制出自塔西佗之手。第二篇短制《论阿古利可拉的生活和品行》（*De vitaet moribus Iulii Agricolae*，旧译《阿古利可拉传》）是塔西佗为岳父写的小传——阿古利可拉曾作为海军元帅统领四个罗马军团争战大不列颠。这篇短制发表的当年（公元98年），塔西陀还完成了《论日耳曼人的起源和居所》（*De origine et situ Germanorum*，旧译《日耳曼尼志》），记述日耳曼各部落的政治、经济和习俗。这两篇短制虽然采用了纪事笔法，肯定不是如今意义上的史书，更非如今所谓的人类学研究，因为，塔西佗让罗马帝国的读者看到的更多是阿古利可拉这个人和日耳曼这个民族的道德品质，而非不列颠人或日耳曼人被征服的历史。毋宁说，塔西佗以寓意笔法告诫罗马人：罗马帝国如今表面上强盛，实际上败絮其中，因为，屡禁不止的腐败已彻底腐蚀了帝国领导干部阶层的品质。可以说，塔西佗早年的三种短制主题不同、文体有别，写作用心却始终如一，他要告诉罗马人：塑造国家乃至历史的根本力量在于具有高贵品质的男子气概，如果腐败侵蚀了国家的男子气概，再好的经济繁荣景象也挽救不了帝国覆亡的结局。《关于演说家的对话》从政制变迁导致的领导阶层品质败坏问题出发来解释演说术的衰败，证明了他后来一以贯之的写作意图。

塔西佗是古典政治自由主义的思想典范之一。与现代的政治自由主义者不同，塔西佗并不相信"宪政"法力无边，他熟悉却并未呼唤雅典民主政制一类"普世观念"。塔西佗相信，要成就优良的政治，靠的不是民主政制，而是高贵精神与男子气概完美结合的优良政治才干——问题是，历史上的任何民族、任何国家遇到这样的人物实在太过偶然。与其惝惶于引进民主政体，不如以寓意笔法记叙所见政治风云，对帝国男子施行政治哲学教育。塔西佗的两部长篇纪事作品——《晚近纪事》（旧译《历史》）和《神圣的奥古斯都驾崩以来编年纪事》（旧译《编年史》），记叙了从提比略皇朝到多弥提安皇朝时期（公元14—96年）的早期罗马帝国史，但两书都不是如今所谓史书，而是政治哲学大书。如果我们仅仅从中翻检早期罗马帝国的史料，就完全辜负了塔西佗的良苦用心。

《晚近纪事》的原文书名 *Historiarum libri qui supersunt*（英译 *The Histories*）直译成汉语通常是《历史》，这样的书名让人误以为塔西佗写的是如今意义上的"通史"。其实，塔西佗立志记述帝国所经历的政治事件，不是出于如今所谓的"史学"目的，而是出于政治哲学的关切。塔西佗从自己亲身经历过的时代写起，也就是从公元69年（这年塔西佗大约14岁）到多弥提安皇帝遭谋杀的96年，因此，*Historiarum libri qui supersunt* 这个书名可译作罗马帝国《晚近纪事》（大约作于公元104—109年间）。写完这部分后，塔西佗再往前延伸，记叙从自己出生之前四十年的奥古斯都末年（公元14年）到公元68年末，

书名为 *Annalium ab excessu divi Augusti libri*［神圣的奥古斯都驾崩以来编年纪事］，他自己简称《编年纪事》（*Annales*）——遗憾的是，直到塔西佗去世，此书都还没有杀青（最后部分大约成于公元116—117年），未及记述尼禄和图拉真皇朝。塔西佗没有去找寻"史料"写罗马建国初期的共和史，而是记叙自己亲眼见到的历史或离自己的生活经历很近的历史，可见他与古希腊的纪事作家一样，目的不在于编史，而是探究政制变迁所隐含的重大政治哲学问题。现代的实证史学家们曾推测，塔西佗没有写奥古斯都时期，很可能是因为李维的作品已记叙了这个时段，后来才发现，塔西佗的确曾打算完成《编年纪事》后就写奥古斯都时期，由于天不假年才没有实现——他甚至已经来不及修改《编年纪事》这部自己最成熟的作品的最后几卷。

塔西佗的两部纪事大书也是古罗马文学中的瑰宝，文辞精练紧凑，言简意赅，富有诗情，感染力强，政治事件的描写既生动又深刻——古典语文学家尼采也赞不绝口。塔西佗的传世作品都已有了中译，可惜有的缺乏笺释和绎读，以至于我国学界迄今未能珍视这份古罗马文学和古典政治哲学史中的瑰宝——我国近百年来的政制变迁经历也为我们留下了一大笔政治哲学思考财富，实证史学使得这笔财富仍然还是埋藏在地下的宝藏。译笺塔西佗作品，选译西方学界有见识的绎读，对于我们学会写作自己的共和国晚近纪事想必不无意义。

罗马帝国时期的希腊语经典

西方古典学笼统地提到西方古代文史时,古希腊与罗马往往连属。因为,古希腊文史不仅是罗马文史的母体,罗马征服整个希腊之后,希腊化地区的作家大多仍然用希腊语写作,以至于罗马帝国时期的文史实际上是拉丁语 – 希腊语双语文史。①

对罗马帝国时期的希腊语作品,我们不太在意。其实,这一时期的希腊语作家不乏大家,其作品也不乏值得关注的大问

---

① 罗马帝国时期的希腊语文史作品选,见 Herwig Görgemanns 编,*Die griechische Literatur in Text und Darstellung: Band 5. Kaiserzeit*,希 – 德对照,Stuttgart,1988。

题。比如，古希腊传统政制理想或传统政教与罗马帝国的关系，就是明显例子。如今的我们很难想象，罗马帝国初期的希腊语作家竟会通过写作劝导罗马皇帝模仿古希腊王政传统，后来甚至真的有罗马皇帝试图恢复古希腊式的政教传统。如果这样的罗马皇帝在政治事功方面有更大成就，其历史影响究竟如何还真难说。

金嘴狄翁的《论王政》

我们都听说过古希腊雅典民主政制时期出现过一场著名的"智术师运动"。由于这场"文化运动"与雅典民主政制的发展有直接关系，古希腊的"智术师"也被视为西方最早的"启蒙哲学家"或"民主思想家"。从相当程度上讲，柏拉图的作品是与智术师派展开思想斗争的结果。但是，我们很少听说，古罗马帝国也出现过"智术师运动"，历时长达三百多年——史称"第二代智术师"（The Second Sophistic）。奇妙的是，这场"文化运动"的基调却是反雅典的民主政制传统，力图恢复更具希腊本色的王政传统。

"第二代智术师"中的重要人物既有希腊语作家，也有拉丁语作家，其中有些对我们来说至少名字听起来不陌生。比如普鲁塔克，比如金嘴狄翁，比如路吉阿诺斯，比如《变形记》的作者阿普莱乌斯，以及马可·奥勒留皇帝，他的《沉思录》甚至已经成为我们的政教读本……可是，由于我们对"第二代智术师"的基本特征缺乏了解,即便我们早就有了路吉阿诺斯的不少译品(周作人译三卷本),有了《变形记》的中译本,奥勒留的《沉思录》甚至有多个中译本,我们也未必能读懂这些"智术师"的作品。

安德森的《第二代智术师:罗马帝国的文化现象》是西方学界研究"第二代智术师"的第一部专著。[①] 作者首先致力于钩沉这一历史的文化现象,在梳理文史材料方面用力最勤。作者也力图为这一文化现象提供一个较为全面的解释,但基本上仍然属于文史研究,并没有上升到某种理论高度,而是结合具体作品,让我们体味何谓智术师的"味道"。这本书不仅有助于我们具体认识古罗马帝国时期的文史,也有助于我们了解一些涉及世界历史的政治哲学问题。比如说,作者在书中三次论及"第二代智术师"以亚历山大大帝为主题的作品,这让我们难免想到,当时的希腊语作家心底里很可能抱有这样一种期望:罗马帝国应该继承亚历山大的帝国政制抱负——复兴古希腊式的"王政"。原因不难理解:

> 公元前四世纪一个讲希腊语的统治者曾征服了一个庞大的东方帝国,其土地之广袤,罗马在东方从未能与之匹敌。亚历山大死后,他的帝国四分五裂,但无损这片广袤的土地长期浸淫在希腊文化中,直到拜占庭时期,这里还

---

① 参见安德森,《第二代智术师:罗马帝国的文化现象》,罗卫平译,北京:华夏出版社,2011。

保留了大量的希腊文化。这实际上意味着，在东方的绝大部分地区，各个地方城市的贵族们可能从一种非罗马的视角来看待自己的城市（这样做仍然可能对罗马极其有利）。(《第二代智术师》，页16)

对于罗马帝国初期的诸多希腊语作家来说，世界虽然已经易主，仍然有可能劝谏罗马皇帝仿效亚历山大大帝的光辉业绩。因此，毫不奇怪，打造亚历山大大帝形象的"智术师"作品主要出现在罗马帝国初期，最为重要的作家有三位：普鲁塔克、阿里安和金嘴狄翁。在笔者看来，普鲁塔克和金嘴狄翁的作品带有的政治哲学意味最为厚重，而且各有特色：普鲁塔克的《亚历山大大帝的机运或德性》力图把亚历山大打造成一个怀有天下帝国梦想的"哲人王"，金嘴狄翁的四篇《论王政》则力图打造从荷马笔下的英雄到亚历山大大帝的古希腊王政传统。

金嘴狄翁（约公元40—120年）比普鲁塔克年长五岁，出生于富裕之家，本名"普鲁萨的狄翁"（Dio of Prusa，其出生地 Prusa 是一个古老的小王国 Bithynia 的首府，今土耳其西北部的 Bursa）。狄翁年轻的时候就到罗马求发展，得了罗马绿卡（公民权），身份证上的名字是 T. Flavius Cocceianus Dio。后来狄翁因演说辞闻名得了"金嘴"绰号，比他的真名还响亮。

狄翁在罗马曾跟从廊下派大师儒福斯（C. Musonius Rufus）学习，据说是厄琵克泰德（Epiktet，公元55—135年）的师兄。狄翁在罗马混得不错，甚至进入了宫廷圈子。然而，42岁那年（公元82年），狄翁的一位身为罗马贵族的好友萨宾努斯（Falvius Sabinus）被皇帝多米提安（Domitianus，又译"图密善"，公元81—96年在位）处决，狄翁受牵连被逐出罗马，也不准返回故乡。从此，狄翁开始了相当于被放逐的生涯，走过很多地方，与各种下层人厮混。多米提安遭谋杀后（公元96年），狄翁才回到罗马，那时他已经快60岁了。新任皇帝图拉真（Trajan，公元98—117年在位）对狄翁颇为礼遇，据说甚至两人还成了朋友。晚年狄翁落叶归根回到家乡，在享受乡贤的声誉中幸福地离世。①

按照一种说法，狄翁年轻时讨厌哲学，曾撰文攻击廊下派哲人穆索尼乌斯（Stoic Musonius），后来又改弦更张，跟从廊下派大师学习哲学。其实，情形更有可能是：狄翁很早就看懂了柏拉图的《普罗塔戈拉》和《斐德若》，明白哲人的在世方式和言说方式应当是怎样的。狄翁攻击哲学很可能是装样子，实际上是在保护哲学。演说辞《在雅典：论流放》中就说到过，哲人要保住自己的内在自由，必须采用一种特别的言说和写作方式。狄翁一生都没有写过正经的"哲学论文"，现代的古典文史家也不会把他归入哲学家一类。

演说辞属于口传文学或基于口传文学，换言之，写作演说辞与发表演说一样，首先必须注意受众是谁，清楚自己是在对

---

① 关于狄翁的生平和写作，参见 H. von Arnim, *Dion von Prusa*, Berlin, 1898; C. P. Jones, *The Roman World of Dio Chrysostom*, Cambridge University Press, 1978; S. Swain, *Hellenism and Empire: Language, Classicism and Power in the Greek World AD 50 – 250*, Oxford: Clarendon Press, 1996, 页187 – 241。

谁说话。作为一种文体类型，演说辞既可以是政论文，也可以是小说甚至短剧。金嘴狄翁的传世作品是八十篇演说辞，后人编成《演说集》（拉丁文书名 Orationes），从内容上讲，好些其实在是谈伦理、政制和宗教问题的哲学文章。但从文体上看，这些演说辞无不是文学作品，以对话或记叙文形式写成，如今应该算短篇剧作、短篇小说或散文。①

狄翁的演说辞体现出强烈的希腊"爱国"情怀，一些演说辞明确以传扬古希腊传统神话为主题（比如《特洛亚人》和《奥林匹亚》）。金嘴狄翁热爱"祖国"希腊，却不热爱希腊的民主政制。从今天的政治哲学关切看来，狄翁的传世演说辞中最为重要的是四篇《论王政》，因为它们算得上是有分量的政治思想史文献。按照狄翁在其中的论述，政体依优劣程度可分三等：王政最好，其次是贵族制，随后是民主制——王政的反面是僭主制，贵族制的反面是寡头制，民主制的反面是暴民制（3.45，3.48-9）。我们知道，如此分类与亚里士多德在《政治学》中的分法非常相近。然而，与亚里士多德不同的是，金嘴狄翁的《论王政》更多意在展示，何以宙斯式的王政是最佳政制。在狄翁看来，政制离不了王者，而王者必须是个优秀的好牧人。王者与被统治者的关系，不是罗马皇帝式

---

① 金嘴狄翁传世的八十篇演说辞绝大多数为真品，仅查明 Corinthiaca 和《论机遇》两篇系其学生 Favorinus von Arelate 所作。由于论题多涉及当时的现实政治，这些演说辞也是十分重要的史学文献。Loeb 古典丛书中的《金嘴狄翁集》共 5 卷（1932—1951）；德译本全集：W. Elliger, *Dio Chrysostomus Sämtliche Reden*, Zürich, 1967。

的"主子"与臣仆的关系,而是民人的同仁、朋友或父亲,王者为王为的是替民人谋福祉(1.22)。用今天的政治理论语言来表达,狄翁的王政观相当于近代西方的所谓君主共和制。在《波律斯特涅斯演说或是在故国的演说》中,狄翁化用柏拉图《斐德若》中的比喻,把王者比作驾驭马车的御手:这位御手驾驭的马车不是灵魂,而是星辰和万有(36.42)——其含义是,王权等于统御万物的理性(36.54)。"宙斯式王政"的政治哲学含义在于:人世中的最佳政体是人与诸神共在的共同体(36.22),人的生活与诸神和谐地维系在一起,或者说人的共同体分享神性共同体的秩序(36.31)。可以说,狄翁的王权论背后有一种廊下派式的宇宙论,尽管披上了宙斯-赫拉的神性婚姻神话的外衣。在这篇演说辞中,狄翁还谈到了公民身份问题。因此,在狄翁那里,我们可以看到一种与西塞罗的贵族制共和论在品质上相似的君主制共和论,而且两者相隔时间不远。如今的"剑桥学派"竭力抹去共和政体的具体类型,非把民主共和政体视为唯一的共和制,把雅典式的直接民主视为西方古典政治思想中的唯一理想,难免会遭到金嘴狄翁的反驳。

在《论王政》中,狄翁还化用古希腊神话勾勒出古希腊王政传统的统绪:首先是荷马笔下的王权形象,接下来是泛希腊的王权形象(亚历山大大帝),最后是犬儒派的赫拉克勒斯形象。在狄翁笔下,亚历山大从小就有的抱负是赶超阿基琉斯,这意味着不是要成为最优秀者,而是要胜过过去的最优秀者(2.19)——这种说法与普鲁塔克在《亚历山大大帝的机运或德性》中的描述若合符节。不同的是，狄翁让我们看到，亚历山大是争当优秀者这一希腊文明传统的最后一位代表，由于缺乏节制，他在实现自己的抱负时毁掉了这一传统理想的地基。毕竟，荷马笔下的竞赛基于诸多优秀者的竞争，亚历山大让所有荣誉都集中在自己个人身上，竞争优秀者也就失去了意义。

狄翁让犬儒派的赫拉克勒斯形象进入古希腊王政传统谱系，为的是彰显古希腊王政传统在亚历山大之后所面临的历史困境。在第一篇《论王政》中，狄翁通过改写著名的"赫拉克勒斯在十字路口"的古老传说来传达他的政治教诲：赫拉克勒斯面临的不是选择两种品德的女人，而是选择两座看似相同的山峰。这两座山峰分别是王政和僭政，远远看去简直没什么差别，山上都坐着一个女人，赫拉克勒斯必须选择其中一个（1.60以下）。狄翁似乎暗示，如果赫拉克勒斯要当王的话，他心目中的王者理想已经变得含糊不清……

王政的正当性基于最优秀的好牧人当王，或者说最优秀的人应该为王。但何谓最优秀的人？王者需要有竞争者，或者说，还有另一种人应该获得荣誉，这种人的荣誉足以与王者的荣誉形成竞争关系。这就引出了人的灵魂类型的品位问题。换言之，狄翁的王政观并非世袭式君主制，而是基于德性的君主制，从而是共和式的君主制。

在第三篇《论王政》中，狄翁笔下出现了哲人苏格拉底与波斯王的对比，让我们难免会想到色诺芬的短制《希耶罗或僭主》中的主题：谁的生活更幸福谁才是真正的在世之王。

在狄翁笔下，没有在世荣誉的苏格拉底更为幸福，这无异于说，苏格拉底是无冕之王。在第四篇《论王政》中，狄翁对大第欧根尼泰然喝退亚历山大的著名传说作了政治哲学的解释：第欧根尼精神上非常富裕，活得自在自足，这种生活才真正幸福。亚历山大虽为王者，但他的生活得倚赖军队、金银，所以他嫉妒哲人的荣誉（4.7）。我们知道，这其实是亚里士多德明确说过的看法（《尼各马可伦理学》1177a28–34）。反过来说，这证明狄翁是苏格拉底 - 柏拉图 - 色诺芬哲学的传人，尽管他的老师是廊下派哲人。当狄翁笔下的亚历山大问，怎样的人才是最好的王者，狄翁笔下的大第欧根尼回答说：宙斯就是楷模。大第欧根尼甚至暗示自己身上就有宙斯族血统，这无异于告诉亚历山大，真正的王者品质是追求成为"幸福且睿哲之人"，尽管真正的哲人并不追求掌有王权。狄翁的意思不过是说，世间的王者应该模仿哲人苏格拉底，追求精神上的富裕，做"幸福且睿哲之人"。

最值得注意的是，狄翁演说辞的一贯风格是所谓"游戏"（παίγνια）或者说"搞笑"文风。即便《论王政》谈论的是何谓最佳政制这样的严肃论题，同样如此。据说，这是一种"佯谬式的教化"（paradoxical paideia）方式。"第二代智术师"中的好些作家都喜欢用这种方式，最为一贯者莫过于狄翁。[①] 我们可以理解，在皇帝是好人还是劣人甚至坏人完全凭

---

① 参见安德森，《第二代智术师：罗马帝国的文化现象》，前揭，页274–275。

运气的时代,这种教化方式实在有必要。据考订,狄翁的四篇《论王政》是献给皇帝图拉真的,甚至可能曾亲自给图拉真诵读过。可以设想,如果狄翁不采用这种方式施行教化,难免惹上不必要的麻烦。当然,话说回来,如果狄翁早就领会苏格拉底-柏拉图教诲的精髓,他未必不懂得,哲人在任何时代都需要"佯谬式的教化"方式,民主时代的今天也不例外。

狄翁论王政的演说辞并不限于题为《论王政》的四篇,还有其他短篇。笔者组译的这部《论王政》尽可能收全狄翁的所有相关讲辞,以便可以对观。此外,笔者还选译了研究狄翁讲辞颇为有名的古典学家莫勒斯(John Moles)的两篇论文,为我国读者提供必要的背景知识。[①]

希腊语作家尤利安皇帝

君士坦丁大帝的侄孙尤利安(Flavius Claudius Julianus, Apostata,公元331—363年,英文通常写作Julian)也是个智术师,虽然他生在君士坦丁堡,其祖父与君士坦丁大帝是同父异母的兄弟,算得上是皇族血统,7岁开始接受君士坦丁堡主教优西比乌的教育。君士坦丁大帝驾崩(公元337年)后,其长子君士坦丁继位,史称"君士坦丁二世"(Constantine

---

① 金嘴狄翁,《论王政》,刘小枫编,王伊林译,戴晓光校,北京:华夏出版社,2017,即出。

II)。这位长子生性软弱,二弟君士坦提乌斯(Constantius,337—361)则生性强势,他与三弟君士坦斯(Constans)共谋,将帝国疆域一分为三,君士坦丁分得的领地不仅最小而且最穷。

当时君士坦提乌斯虽年仅 20 岁,却最具帝王心性。他不仅让自己在瓜分帝国时得到最大的东部地域,掌控帝都,而且对其祖父的异母旁支宗室的两位后代即尤利安和他的异母哥哥伽卢斯(Gallus)也心存戒备。342 年,君士坦提乌斯将年仅 11 岁的尤利安和伽卢斯一起流放偏远地区,尤利安直到 18 岁才被允许回到君士坦丁堡。尤利安从小好学,一直醉心于读书,似乎对政事毫无兴趣——毕竟,他从小就见识过各种政争的血腥。20 岁那年(351 年),尤利安到小亚细亚跟从以弗所的马克西姆斯学习新柏拉图派哲学。

尤利安还不到 10 岁那年(340 年),他的大叔父君士坦丁二世就在与其三弟君士坦斯的争战中阵亡。350 年,统治帝国西部的君士坦斯手下的军队发生政变,叛军首领杀掉君士坦斯自立为西部帝国皇帝,君士坦提乌斯花了三年时间才平定叛军。当时,君士坦丁皇族的男性后裔仅剩下尤利安和他的异母哥哥伽卢斯。为了巩固皇室血统的统治,君士坦提乌斯不得已拔擢伽卢斯为"副帝",代理帝国东部事务,自己领兵西征平定叛乱。伽卢斯天性低劣,是个纨绔子弟,不仅不会统治,而且滥施暴政。君士坦提乌斯平定西部叛乱回到东部后(354 年),一怒之下废掉伽卢斯的"副帝"头衔,并将其处决。帝国西部仍不稳定,君士坦提乌斯又担心皇室权力旁落,不得已启用尤利安,委任他为镇守帝国西部的"凯撒"。

仅仅数年,尤利安就显出卓越的治国才能:平定高卢地区的日耳曼人动乱,收复失去的殖民地(今德国科隆一带),斯特拉斯堡一役则击败阿拉曼人的进犯,并将撒利法兰克人逼退出下莱茵河地区。为了巩固在高卢的统治,尤利安直接兼任时在比利时的高卢行省总督。

359 年年底,波斯人大举进犯帝国东部,君士坦提乌斯招架不住,见尤利安治理西部已成效显著,令尤利安麾下的高卢军团赶赴东线战场驰援。尤利安疑心这是个阴谋:先调开他身边的兵力,再将他逮捕下狱。360 年初,尤利安借高卢军团不愿前往人生地不熟的东方,煽动军队哗变,高卢军团在巴黎拥立尤利安为皇帝。尤利安与君士坦提乌斯正式翻脸,叔侄两人兵戎相见。同年 6 月,尤利安率军进至意大利地区,双方即将在此展开决战,君士坦提乌斯突然病重,驾崩前只得诏令尤利安为皇位继承人。

尤利安不仅年轻时念过哲学,而且天性喜欢哲学。他登基后施行一系列政改:削减宫廷机构,提倡廉洁俭政,改革财税制,强化军队管理和训练,完善邮驿体系,甚至从平民阶层拔擢人才进入"库里亚"(Curia,以地区和地方宗社为基础的议会),为中间阶层注入新鲜血液。

最为重要的改革在宗教方面:尤利安即位后就宣布"宗教信仰自由"。君士坦提乌斯治国时,延续其父君士坦丁大帝扶持基督教的国策,压制希腊和罗马的传统多神教以及基督教派的内部争分,支持阿里乌教派在教会中取得支配权,尽管君士坦提乌斯本人并非阿里乌派信徒。尤利安的所谓"宗教信仰自由"政策针对的是这种从君士坦丁大帝以来扶持基督教为国教的一贯国策,让受到压制的传统多神教重新获得权利。非常有意思的是,君士坦丁大帝当初正是以"宗教信仰自由"的政策让受到压制甚至遭受迫害的基督教合法化,希腊和罗马的传统多神教以及一些基督教小教派并未享有"宗教信仰自由",而是被判为异教或异端。

尤其令今天的我们感兴趣的是,尤利安虽然身为罗马皇帝,他致力于复兴的所谓"异教"其实是古希腊的传统政教,而非古罗马的民间宗教。显然,这与他从小受希腊文史传统的教育和热爱哲学相关。尤利安喜欢穿希腊式长袍,按古希腊学士的习惯蓄须,而四世纪之前,罗马人的习惯是把胡须刮得干干净净。为此,尤利安写过一篇题为"厌胡须者"(*Misopogon*)的讽刺小品,非常著名。尤利安早前在新柏拉图学派的学园修炼之后,也还真的习得新柏拉图派的哲人品性:妻子海伦娜在高卢因难产过世后,尤利安一直过单身生活,据说还曾尝试回归秘仪。

尤利安接替皇位后面临的最大政治难题仍然是波斯王国的进犯,几百年前的希腊-波斯的地缘冲突变成了罗马-波斯的地缘冲突。自罗马改为帝制以来,罗马帝国与波斯王国争夺西亚和亚美尼亚的战争从未间断。公元363年春,尤利安亲率六万精兵主动出击,夺得不少波斯属地。但在兵临波斯国首府城下后,尤利安久攻不克,因粮草不济被迫转移。波斯人趁机紧追不舍,尤利安身负重伤,不治而崩,年仅32岁。

尤利安在位短短二十个月，却因压制基督教（比如从军队中清除基督徒，甚至放任多神教徒焚毁或抢劫基督教教堂）在历史上留下"背教者"（the Apostate）的恶名。反过来看，即便在公元四世纪时，古希腊的传统宗教和哲学仍然具有生命力——尤利安的"背教"行为属于所谓"四世纪罗马帝国的异教复兴运动"的一部分。尤利安有个朋友名叫撒路斯提乌斯（Sallustius），为支持尤利安复兴希腊传统宗教，他写了一本书名为《论诸神与宇宙》。① 当时还出现了一部名为《法拉里斯书简》（*Phalaridis Epistolae*）的托伪古书，托名差不多八百多年前的古希腊僭主法拉里斯，很可能也与尤利安复兴"异教"有关。毕竟，法拉里斯曾梦想统一希腊建立帝国。

君士坦丁大帝让受压制的基督教成为国教，尤利安再让历史翻转过来，相隔不过短短半个世纪。确如后来好些古典哲人所说：一国之君可以打造一国之宗教。如今的我们难免产生遐想：如果尤利安像君士坦丁大帝那样幸运长寿，谁也说不准古老的希腊多神宗教是否会在罗马帝国成为取代基督教的国教。那样的话，罗马帝国就成了希腊式帝国，后来的历史可能也不会有基督教欧洲这回事了。由此可以理解，尤利安甚至会成为某些现代大作家笔下的人物。②

---

① Sallustius, *Concerning the Gods and the Universe*, A. D. Nock 编, Cambridge 1926/Hildesheim 1966。

② 参见易卜生的《皇帝与加利利人》（见《易卜生戏剧选》, 潘家洵等译, 北京：人民文学出版社, 1997）和梅列日科夫斯基的《诸神死了：背教者尤利安》（谢翰如译, 沈阳：辽宁教育出版社, 1997）。

尤利安天不假年，未能成就自己的事功，却留下不少传世之作。① 施特劳斯六十寿辰时，学生们编辑贺寿文集，约请施特劳斯的老友科耶夫撰文。这位戴高乐总统的高参、欧盟的理论设计师为自己的老友写的贺寿文，竟然是论尤利安皇帝的写作艺术。② 科耶夫告诉我们，尤利安的文章暗示读者，他不会写出自己所想的一切。在涉及古希腊罗马的传统宗教和基督教时，尤利安往往泛泛而论，甚至取笑自己从学过的新柏拉图主义神秘论。《致没教养的狗或犬儒》（*To the Uneducated Dogs or Cynics*）攻击基督教士，却装得来是在攻击同时代的犬儒。《论诸神之母》（*On the Mother of the Gods*）和《论赫利俄斯王》以多神教为主题，尤利安也缄口不言自己对诸神的真正看法。在看似虔敬而又"神秘"的论文中，尤利安甚至煞费苦心地阐述如何将异教神学论题转换为基督教神学论题……

2010 年 8 月

---

① 马勇编/译，《尤利安文选》，北京：华夏出版社，2017，即出。
② 科耶夫，《皇帝朱利安的写作技艺》，见刘小枫/陈少明编，《阅读的德性》（"经典与解释"辑刊第 11 辑），北京：华夏出版社，2007。

阿威罗伊的柏拉图

"中世纪"(medium aevum)这个我们耳熟却未必能详的历史分期名称,原义指从西罗马帝国灭亡(476年)到土耳其攻陷东罗马帝国国都君士坦丁堡(1453年)之间的近一千年历史,两头两尾的标志就显得是蛮族洗劫了文明。我国古代早有"世历三古"的说法:所谓上古、中古、下古。随着代的推移,古人对"中古"的具体所指也在推移,没有固定不变的所指——所谓"前人说三古各别,从所见者言之,故不同"。文艺复兴时期的古典主义文士发明"中世纪"这个语词不仅固定有所指,而且带价值评判:既然"中世纪"这个名称被用来标识古希腊–罗马古典文明时期与当时(十六世纪)

复兴古典文化之间的时段,便等于古典文化的丧失——西方史家大都承认,直到公元751年卡洛林王朝建立,各日耳曼王国才开始逐渐尝试与五世纪灭亡的罗马帝国建立文明制度上的传承关系。

就在西方重新蛮族化的时期,阿拉伯帝国强劲崛起。通常,西方史书对这件文明史上的要事及其与欧洲文明的关系大都一带而过,似乎与欧洲文明的发展关系不是太大。实际上,阿拉伯帝国的崛起和扩张,不仅改变了原西罗马帝国的地缘版图,还为西方世界传承了古希腊的经书——阿拉伯帝国伍麦耶王朝(公元661—750年,即唐龙朔一年至唐天宝九年)时期,出现了翻译古希腊各类经书(医术、数学、天象学、哲学)的风气。在随后的阿巴斯王朝时期,哈里发马蒙甚至"在巴格达建立了一所翻译学校,并配备了图书馆和专门的负责机构",使得翻译古希腊经书"变成了有组织的和受到王政鼓励的事业"。① 这一翻译工程造就了古希腊古典学问与伊斯兰教神学的结合,从九世纪(巴格达)一直延续到十二世纪(西班牙),以至于伊斯兰教学人被称为继罗马人之后的"古希腊文化遗产的第三位继承者"。伊斯兰教的形成本来就有犹太教和基督教的成分,最初把古希腊经书翻译成阿拉伯文的学人多是基督徒或犹太教徒。因此,希腊古典文明的这一传承线索也可以看作上古末期希腊文明在近东的延续。这样看来,西

---

① 参见路易,《历史上的阿拉伯人》,马肇椿、马贤译,北京:中国社会科学出版社,1979,页155以下。

方文明发展路线的轮廓就得重新勾勒,希腊古典文明时期以后的文明传承路线是:亚历山大帝国—古罗马(共和国—帝国)—伊斯兰教帝国—西欧中世纪晚期的基督教共同体—近代西欧基督教王国的文艺复兴。

当然,西方的思想史书都会提到,近代西方得以传承古希腊经书,多赖于中古阿拉伯哲人的传承。但显而易见的是,迄今为止西方各类思想史书对中世纪的叙述几乎无一例外以基督教欧洲为中心,对于阿拉伯文明究竟如何传承古希腊和古犹太教的学术,大多语焉不详,除非我们关注那些关于阿拉伯哲学的专著。① 比如,我们听说,中古时期涌现出的伊斯兰教哲人中,最为著名的大哲有三位:阿尔-法拉比(al-Fārābī,约870—950)、阿维森纳(Avicenna,980—1037,阿文名伊本·西那 [Ibn Sinā])和阿威罗伊(Averroes,1126—1198,阿文名伊本·鲁什德 [Ibn Rushd])——但他们之间的关系究竟如何,却并不清楚。② 再有,从阿维森纳到阿威罗伊之间,其实还有颇具柏拉图色彩的哲人阿维帕斯(Avempace,?—1138,阿文名伊本·巴哲 [Ibn Bājjah 或者 Ibn al-Sā'igh])和伊本·图菲利(Ibn Tufayl,?—1185)等——图菲利写过一本书

---

① 参见穆萨威,《阿拉伯哲学》,张文建、王培文译,北京:商务印书馆,1996;亚当森/泰勒主编的《阿拉伯哲学》开列了从六世纪至十五世纪的阿拉伯哲人名单长达近两页半(北京:三联书店,2006,页 xv-xvii)。

② 阿尔-法拉比的生平,参见程志敏,"柏拉图经学史的残篇",见阿尔法拉比,《柏拉图的哲学》,程志敏译,上海:华东师范大学出版社,2006。阿维森纳的生平,参见王太庆,"伊本·西那的生平和哲学思想",见伊本·西那,《论灵魂》,王太庆译,北京:商务印书馆,1963。

名为《哈义·本·叶格赞的故事》(*Hayy ibn Yuqdhan*，中译本见王复、陆孝修译，北京：商务印书馆，1999）的小书，书中表面上讲的是离赤道以南的印度岛屿不远的一个岛屿上"没有父母、可以自生的"自然人故事，实际上讲的是自然哲学理性的诞生和作用。由于这种理性与伊斯兰教义不相容，图菲利采用了寓意的叙事笔法，尽管今天的我们一眼就可以看出是在讲自然哲学——英国小说鼻祖笛福的《鲁滨逊漂流记》化用这本书讲了一个更大的涉及自然神论的故事。①

与阿尔-法拉比和阿维森纳不同，今人所掌握的阿威罗伊的生平材料少之又少，各类史书说的几乎都一样，而且没多少可说。十九世纪著名的法国学者勒南（Ernst Renan）写过一本《阿威罗伊和阿威罗伊主义》(*Averroès et l'Averroïsm*，Paris 1861），除了可以添加若干新发现的阿威罗伊著作的抄件外，迄今在文献上还没有什么新著超过这本书，以至于可以推测，如今各种思想史书关于阿威罗伊身世的说法，都来自勒南的这本书。

阿威罗伊出生在如今地属西班牙的一个伊斯兰教法学家世家，他爷爷和父亲都是当时颇有名望的教法学家。这种"学家"不是我们今天意义上的学者，因为他们同时身为当地的宗教 [= 民事] 大法官。阿威罗伊生长在这样的世家，从小

---

① 图菲利的《哈义·本·叶格赞的故事》在十四世纪被译成希伯来文，十七世纪被译成拉丁文。关于笛福与这本书的关系，参见施特劳斯，《如何着手研究中古哲学》，见施特劳斯，《古典政治理性主义的重生》，前揭，页288。

研习伊斯兰教法和伊斯兰教神学自不在话下。可是，在伊斯兰教中的古典学传统影响下，阿威罗伊还研习古希腊传下来的医术、天象术和形而上学，他最早的著作就是关于医术的书。据说，身兼御医和宰相的伊本·图菲利有一次告诉阿威罗伊，哈里发（伊斯兰宗法政体的最高权力者）对亚里士多德著作的阿拉伯语译本缺乏连贯风格很不满，希望有人疏解亚里士多德的著作。图菲利有能力承担此任，但他年事已高，何况还要料理政务……言下之意，他要阿威罗伊接下哈里发指派下来的这一任务。哈里发怎么也会对亚里士多德著作感兴趣？这件事情不仅令今人费解，也让我们好奇……不管怎样，在1169年（宋乾道五年），人到中年的阿威罗伊被提名为教法大法官——同年，他着手疏解亚里士多德著作，经二十多年完成了几乎所有亚里士多德著作的注疏。也许因为成就如此斐然，1184年，阿威罗伊接替图菲利出任御医。但不知什么原因，阿威罗伊晚年（1195年）突然失宠，书也受到牵连统统被烧（实用性的书除外），幸好不少当时已经有了希伯来语译本。

阿威罗伊与犹太教哲人迈蒙尼德（1135—1204）和基督教哲人阿伯拉尔德（1079—1142）差不多是同时代人，但与所有中古伊斯兰教哲人相比，阿威罗伊对西欧哲学思想的影响最为直接、持久，名载史册的影响至少有三次。第一次在十三世纪：当时，欧洲学术在经院学人的辛勤耕耘下已经重新起步（以安瑟伦［1033—1109］为代表的早期经院学）。尽管如此，西方学者能读到的古希腊和古罗马经典仍然非常有限。十二世纪初期，亚里士多德著作的拉丁文译本仅有《范畴篇》和

《解释篇》,但在随后的短短一百年里,亚里士多德的几乎所有著作都有了从阿拉伯语或希腊文译成拉丁文的译本(1260年,《政治学》被译成拉丁文具有特别的思想史意义)……正如今天我们已经认识到的那样,当时的学人很清楚,仅有原典译本远远不够,前人的注疏对研读原典非常重要。因此,十三世纪上半叶,刚辞世不久的阿威罗伊的亚里士多德注疏受到了基督教经院学人的极大关注,被大举译成拉丁文,从而对中期经院学产生了直接影响。到了十六至十七世纪,也就是西方的古典文艺复兴时代,阿威罗伊的亚里士多德注疏已经演化成"阿威罗伊主义",而且成为西方学界的显学,影响被及马基雅维利、斯宾诺莎……史称阿威罗伊对西方学术的第二次重大影响。[1]

如果说阿威罗伊对西方思想的前两次影响体现为所谓"阿威罗伊主义"的形成和流布,那么,最近这一次影响则体现为二十世纪中期以来力图澄清阿威罗伊与阿威罗伊主义的差异。换言之,处身伊斯兰教法体制中的阿威罗伊学问与西方经院学者手中的"阿威罗伊主义"不是一回事,脱开这一"主义"来重新认识阿威罗伊的学问,对于理解整个西方思想史来说,意义迄今还难以估量。至少,在"中世纪"政治哲学史这一名目下,我们看到的已不再是基督教一枝独秀的情形,

---

[1] 参见伯恩斯(J. H. Burns)主编,《剑桥中世纪政治思想史》,12 章,程志敏、陈敬贤等译,北京:三联书店,2009,页 458-466;Harry A Wolfson, The Twice-Revealed Averroes, 见 *Speculum: A Journal of Medieval Studies*, July 1961, No. 3,页 373 以下。

而是伊斯兰教-犹太教-基督教三枝各绽奇葩。①

这一次重审阿威罗伊哲学与施特劳斯的研究有关——施特劳斯对阿尔-法拉比的柏拉图义疏的重新阐发非常著名，很大程度上更改了西方思想史的自我理解。不过，施特劳斯的阿尔-法拉比政治哲学研究与他早年对斯宾诺莎与阿威罗伊主义之关系的研究有着紧密的内在关联：十六到十七世纪的"阿威罗伊主义"向来被看作西方基督教学者（甚至犹太教学者）对中古阿拉伯哲学的标准理解，然而，在施特劳斯看来，这种理解却是对中古阿拉伯哲学的极大误解。

> 伊斯兰-犹太哲学与基督教经院学之间最明显不过的差别在于：在西方世界，政治科学的经典是亚里士多德的《政治学》，而在伊斯兰-犹太世界，政治科学的经典则是柏拉图的《王制》和《法义》。事实上，伊斯兰-犹太世界那时全然不知有亚里士多德的《政治学》，而《王制》和《法义》在基督教欧洲的出现不早于十五世纪。②

巴格达的阿巴斯王朝传承古希腊和犹太教学术时，便一并接纳了亚里士多德著作，但奇怪的是，中古伊斯兰教大哲选择

---

① 参见 Ralph Lerner / Muhsin Mahdi 编，*Medieval Political Philosophy*，Cornell Uni. Press，1972；这部文选改变了过去的西方中古政治思想史版图，选伊斯兰教政治哲学文章十篇，犹太教政治哲学文章五篇，基督教政治哲学文章十篇。

② 施特劳斯，《如何着手研究中古哲学》，前揭，页294。

了发展柏拉图的政治哲学,而非亚里士多德的政治哲学——《政治学》很可能在很长时期内一直没有译成阿拉伯语;相反,到十世纪时,柏拉图的《蒂迈欧》、《王制》和《法义》已经有了阿拉伯语译本。从这一"奇怪的现象"入手,施特劳斯经过深入考察发现,就纯哲学而言,中古伊斯兰教－犹太教－基督教三大教派中的哲人凭靠的都是同样的亚里士多德形而上学传统,但在道德－政治哲学方面,中古伊斯兰教－犹太教中的哲人与中古基督教哲人则有根本上的不同。①

这种差异的意义何在?恰恰在解释这一差异时,施特劳斯说到了阿威罗伊与阿威罗伊主义的差别:

> 基督教经院学受伊斯兰哲学影响最深的一个学派是拉丁阿威罗伊主义(Latin Averroism)。拉丁阿威罗伊主义闻名于世的是其双重真理学说,即断言一个命题可以在哲学里为真而在神学里为假,反之亦然。在阿威罗伊本人或其前辈们当中,并没有出现双重真理的学说。我们倒是发现,伊斯兰哲学里相对充分地运用了这样两种教诲的区别——基于修辞论证的显白教诲与基于说理论证或科学论证的隐微教诲。至今,伊斯兰哲学的研习者还没有充分重视这个显然无比重要的区别。(《如何着手研究中古哲

---

① 施特劳斯在 1937 年发表的英文论文《论阿布拉瓦内的哲学倾向与政治教诲》中说:"《政治学》没有被译成阿拉伯文,很可能不是出于纯粹的偶然,而是在中世纪一开始就精心选择的结果。"见施特劳斯,《犹太哲人与启蒙》,刘小枫编,张缨等译,北京:华夏出版社,2010,页 223。

学》,前揭,页295)

施特劳斯在这里明确把"阿威罗伊本人或其前辈们"与"拉丁阿威罗伊主义"区别开来。言下之意,就中古伊斯兰哲学对基督教西方的影响而言,通常注意的是阿威罗伊的亚里士多德注疏对西方中古晚期和近代思想的影响,但实际上,阿威罗伊对柏拉图的注疏同样值得注意。

这样来看的话,《阿威罗伊论〈王制〉》(刘舒译,华夏出版社,2008)的问世不是小事一桩。毕竟,西方的权威思想史书最近还说:"中世纪没有一篇文献谈到柏拉图《王制》的性质。"[1] 显然,这话若指基督教欧洲的中世纪没错,但若是指西方文明史的"中世纪"就错了。

---

[1] 参见伯恩斯主编等,《剑桥中世纪政治思想史》,前揭,导论,页1。

古今之争的历史僵局

> 现代人与古代人谁更高明,这个 17 世纪讨论的老问题已再度成为一个争议性问题;只有傻瓜才会以为,这个问题已经找到了圆满的答案。
>
> ——施特劳斯

引　言

按照常见的欧洲文化史分期,文艺复兴接下来是启蒙运动,这两个思想文化运动之间具有内在的连带关系。这种文化史分期观不仅塑造了西方人的欧洲文化史"常识",也塑造了中国学人对西方近代文化史的认识。然而,由于这种分期观忽略或者说删除了古今之争这一发生在文艺复兴至启蒙运动之间的重大文化事件,在欧洲知识人(更不用说中国知识人)的西方近代文化史"常识"中就不会有这样的常识:古今之争不仅堪称与文艺复兴和启蒙运动三足鼎立的文化思想史事件,甚至堪称西方近代史上更具标志性的文化事件。毕竟,如果我们不熟悉古今之争这一历史事件,难免很难透彻理解文艺复兴尤其启蒙运动的性质。

西方文明史上的古今之争有广义和狭义两种含义:狭义的古今之争指十七世纪末至十八世纪初欧洲知识人持续半个多世纪(一说持续整整一个世纪)的论争——广义的古今之争得从十五世纪的意大利人文主义者算起,一直贯穿到当代。① 狭义的古今之争起初几乎同时在巴黎和伦敦爆发,两个战场很快连成一片,并向欧洲其他学问城市蔓延——比如维科所在的那

---

① 参见勒高夫,"古代/现代",见氏著,《历史与记忆》,方仁杰、倪复生译,北京:中国人民大学出版社,2010,页23-46。

不勒斯，以至于催生了《新科学》（1720年第一版）这样划时代的著作。① 研究古今之争的已故权威学者列维尼（J. M. Levine）说：

> 这场论争更像一场伴随有许许多多小冲突的持久战，而非只是大战一场；它铺天盖地地展开战斗，涉及了无数问题，但论战双方最终都没有（尽管不是完全没有）分出胜负，而是陷入了某种僵局。②

所谓"陷入了某种僵局"，未必符合历史实情。毕竟，古今

---

① 在巴黎爆发的论争通常称为 La Querelle des anciens et des modernes［古人与现代人之争］（中译通常简称"古今之争"），在伦敦爆发的论争通常称为 The battle of the books［书籍之战］。迄今为止，Rigault 的 Histoire de la Querelle des anciens et des modernes（Paris，1856）仍然是关于整个事件（无论巴黎还是伦敦）最权威的描述。关于巴黎古今之争的历史文献，见 Hans Robert Jauss 编，Parallèle des anciens et des modernes（Paris，1688—1697），四卷本，München 1964。关于伦敦的书籍之战的研究文献，参见 Anne Elizabeth Burlingame，The Battle of the Books in Its Historical Setting，New York，1920/1969；R. Foster-Jones，Ancients and Moderns: A Study of the Background of the Battle of the Books，St. Louis: Washington University Studies，1936；R. Foster-Jones，Ancients and Moderns: A Study on the Rise of the Scientific Movement in Seventeenth Century England，St. Louis，1961；尤其 J. M. Levine，The Battle of the Books: History and Literature in the Augustan Age，Cornell Uni. Press，1991。与文艺复兴和启蒙运动的研究文献相比，古今之争的研究文献少得可怜（文献史参见 Levine 前揭书页 4 注 3）。伯瑞的《进步的观念》（范祥涛译，上海：上海三联书店，2005）一书有两章对整个古今之争事件作了概述（参见页 56-90），但不及列维尼的"维柯与古今之争"一文清晰（见刘小枫、陈少明主编，《经典与解释 25：维柯与古今之争》，北京：华夏出版社，2008，页 106-136）。

② 参见列维尼，"维柯与古今之争"，前揭，页 107。

之争刚刚兴起，崇今派就取得优势，激发了托兰德（1670—1722）这样的年轻且激进的启蒙哲人。① 法国启蒙运动的精神前辈伏尔泰（1694—1778）出生在巴黎爆发古今之争那年，可以说是在这场持续论战中长大的。1751 年，《百科全书》第一卷作为法国启蒙运动的标志出版，已经是著名文人的伏尔泰当时正旅居柏林的普鲁士宫廷。他深受鼓舞，决意亲自撰写一部类似的启蒙辞书，名为《袖珍哲学辞典》。② 这部辞书后来集成四大卷，其中的"古人与今人"词条一开始就说，"古与今的大论战还没有完结"……尽管如此，伏尔泰通篇以崇今派已经完胜的笔调来描绘"还没有完结"的古今之争。③ 事实上，《哲学辞典》站在现代新哲学的立场上全面贬抑所有古老文明（而非仅仅贬抑西方古代文明），本身就是一部参与古今之争的"战斗性哲学著作"。十分明显，启蒙文人是古今之争中的崇今派的嗣子。我们虽然不能说，谁编撰辞书或掌握了教科书的编写权，谁就赢了，但既然启蒙文人一路高歌猛进到今

---

① 托兰德的成名作《基督教并不神秘》（1796）攻击基督教信理时引用今人言论仅三人，其中两人即巴黎古今之争的肇始者丰特奈尔和佩罗。参见《基督教并不神秘》，张继安译，北京：商务印书馆，1982/2012，页 74–75。

② 伏尔泰随即参与了《百科全书》词条的撰写，后来他将所撰写的词条连同为《法兰西学院辞典》撰写的词条与《袖珍哲学辞典》合在一起，1764 年以《哲学辞典》（*Dictionnaire philosophique*）为名出版（共 613 个词条，四卷本），中译本（伏尔泰，《哲学辞典》，王燕生译，两册，北京：商务印书馆，1991）选译不到 100 个词条。

③ 见伏尔泰，《哲学辞典》（中译本），前揭，页 94。在 1751 年匿名出版于柏林的《路易大帝时代》（*Siècle de Louisle Grand*，中译本《路易十四时代》，吴模信等译，北京：商务印书馆，1996）中论及古今之争（见第 34 章）时，伏尔泰的语气还不是那么自信。

天，列维尼就得承认，古今之争中的崇今派赢了。

当然，从西方思想史的长河来看，由于卢梭、莱辛、尼采乃至二十世纪的海德格尔的思想地位迄今居高不下，列维尼又的确有理由说，崇古派未必在思想上输了。他说古今之争"陷入了某种僵局"，而且是历史的僵局，的确没错。① 否则，我们很难解释如今的思想怪现象：我们虽然由崇今派抚养大，却仍然觉得崇今派不及卢梭、尼采和海德格尔有智慧，其思想不及后者深刻。

一　古今之争：巴黎

1687年（清康熙二十六年）年初（元月二十七日），路易十四治下的法兰西王国学院院士佩罗（Charles Perrault, 1628—1703）在学院朗读了自己写的一首长诗，题为《路易大帝时代》(*Le siècle de Louis le Grand*)，为绝对王权统治歌功颂德。这首长诗一开始就提出了古今作家对比，借歌颂当代帝王抬高现代作家、贬低古希腊罗马作家：既然路易大帝时代胜过历史上所有的时代，当今的文学成就也就胜过历史上所有时代的文学成就。这首长诗绝非佩罗的心血来潮之作，而是精心

---

① 施特劳斯在上个世纪四十年代已经充分阐明，"在一个多世纪的沉寂之后"，为什么需要重新恢复"古今之争"。参见施特劳斯，《论柏拉图政治哲学新说之一种》，见施特劳斯，《苏格拉底问题与现代性》［增订本］，刘小枫编，刘振、彭磊等译，北京：华夏出版社，2016，页137–141。

构拟的对古人的宣战书。因为，佩罗紧接着（1688）就发表了贬低荷马及其他古代诗人的对话作品《古人与今人对比》（*Parallèle des anciens et des modernes*）两卷（这个标题显然模仿了普鲁塔克的《希腊罗马名人对比列传》），还附上了一年前朗诵的长诗。1690年，佩罗又发表了第三卷对话录，进一步攻击荷马，1692年发表第四卷——1697年发表第五卷时，对荷马的攻击再次升级。

佩罗的通俗对话作品《古人与今人对比》通常被认为是巴黎古今之争的直接导火索，他宣称：荷马也许曾是伟大的诗人，但《伊利亚特》有太多明显的缺点：构思粗糙、情节松散、笔法拙劣、风格粗野、比喻笨拙、人物品行丑陋……不一而足。佩罗认为，知识和文雅（politesse）得靠时间的推移来形成，与历史的发展成正比。与这条贬低荷马的理由相比，下面这个理由更具打击力度——佩罗提到，一个姓奥比纳克的老神父（Abbé François d'Aubignac, 1604—1700）正在写一篇考据论文，他将证明历史上并没有荷马其人，《伊利亚特》和《奥德赛》不过是由一些无名诗人写的小篇章拼凑而成。奥比纳克虽然是个僧侣学者，却是个新派知识人，他曾依据笛卡尔哲学原理写过《戏剧实践》一书，提出了史称新古典主义戏剧原则的"三一律"。奥比纳克并非古典学家，他的古希腊文史功夫并不比佩罗好，笛卡尔的新科学理性原则给了他勇气，使得他敢于对《伊利亚特》作考据式研究，通过证明历史上没荷马这个诗人来贬低古代诗人——佩罗引用奥比纳克的未刊稿，说明两人私交甚笃。

奥比纳克神父的论文《学院猜想或论〈伊利亚特〉》(*Conjectures académique, ou dissertation sur l'Iliade*) 在他去世十五年之后才刊布（Paris, 1715），对当时爆发的古今之争没有直接影响，倒是成了八十年后（1795）以《荷马绪论》(*Prolegomena ad Homerum*) 获得博士学位的沃尔夫 (Friedrich August Wolf) 立论的基础，沃尔夫则因提出所谓"荷马问题"（Homeric Question）享有了西方现代古典学之父的美誉。① 基于实证理性原则建立起来的考据学，其实就是把笛卡尔的新自然哲学原理用于辨析古传经典，凭靠新的数学理性寻找古传文本中违背"科学/逻辑事实"的谬误。这种"实证"的考据方法不仅开启了十八世纪以来日益兴盛的"疑古"风，而且成了西方现代古典学的首要方法，至今未曾动摇。严格来讲，西方现代古典学是十七世纪的古今之争中的崇今派孕育出来的。由此可以理解，何以如今西方大学中的古典学专业仍然是崇今派的大本营。

不过，奥比纳克神父并非这种新派考据的开创者，真正的开创者应该是霍布斯和斯宾诺莎：霍布斯的《利维坦》(1651) 对《圣经》语词的理性辨析以及斯宾诺莎的《神学－政治论》(1670) 对《圣经》的理性考据式研究，开创了凭靠

---

① Friedrich August Wolf, *Prolegomena to Homer*, Princeton, 1985；参见 Anthony Grafton,《沃尔夫的荷马绪论》，载 *Journal of the Warburg and Courtauld Institutes*, 44 (1981)，页 101–129。

笛卡尔的数学理性寻找古传文本谬误的先河。① 佩罗以及奥比纳克神父凭靠新的哲学理性寻找荷马文本违背"科学逻辑事实"的谬误，不过是霍布斯和斯宾诺莎开创的新风在欧洲学界开始走向普及的例证而已。佩罗贬低荷马的根本理由在于：新的自然科学思维比古老的诗人思维更为可靠，古代诗人的智识无法与现代哲人或自然科学家的智识相比。显而易见的是，与当今的智识人相比，荷马在天文学、几何学、自然学方面的知识实在贫乏，甚至可以说糟糕透顶。毕竟，新自然科学在晚近几十年内所取得的成就超过了整个古代的自然科学成就。佩罗据此提出了一种妙论：今人比古人更年长（这意味着更有知识）。毕竟，"我们的世纪要晚于其他所有世纪，因而我们也是这所有世纪中最古老的"（notre siècle est postérieur à tous les autres, par conséquent le plus ancien de tous）。②

这一妙论并非佩罗的发明。就在《古人与今人对比》发表之前还不到一年，比佩罗年轻得多的丰特奈尔（Bernard Le Bovier de Fontenelle, 1657—1757）发表了名噪一时的小册子《关于古人与现代人的离题话》（*Digression sur les anciens et les*

---

① 霍布斯的《利维坦》用了大量篇幅致力《圣经》的理性考据式语词批判，以此摧毁罗马基督教政制传统的基础，相关分析参见施特劳斯，《霍布斯的宗教批判》，杨丽等译，北京：华夏出版社，2012，页94-182。斯宾诺莎如何开创现代式的《圣经》考据学，参见施特劳斯，《斯宾诺莎的宗教批判》，李永晶译，北京：华夏出版社，2013，页157-205。亦参 Klaus Scholder, *The Birth of Modern Critical Theology: Origins and Problems of Biblical Criticism in the Seventeenth Century*, trans. John Bowden, London & Philadelphia, 1966/1990。

② 托兰德在《基督教并不神秘》（前揭，页75）中完整引用了佩罗的这一说法。

modernes，1688），其中有这样一句话："古人在我们看来是年轻的"（les anciens étaient jeunes auprès de nous）——佩罗不过把丰特奈尔的说法变换一下再说一遍而已。丰特奈尔是著名戏剧作家高乃依的侄子，早年在里昂耶稣会学校读书，因迷拜笛卡尔的数学原理转而专攻数学哲学，成了数学史家。在培根和笛卡尔的新科学精神激发下，年轻的丰特奈尔尝试用通俗对话体推广新科学知识，成为最早的法语科普作家。他的处女作《死人对话新编》（*Nouveaux dialogues des morts*，1683）模仿罗马帝国时期的希腊语作家路吉阿诺斯的《死人对话》，让各色古人与各色今人展开对话，意在贬低古人，但没有引起什么反响。① 仅仅三年之后，丰特奈尔又发表了《关于世界多样性的对话》（*Entretiens sur la pluralité des mondes*，1686），假托与一位少妇对话宣传新天文学。② 这一次他造成了轰动效应，毕竟，太阳围绕地球转在那个时候还是人们的常识。从书名来看，《关于世界多样性的对话》显然受到伽利略在 1632 年（明崇祯五年）出版的《关于托勒密和哥白尼两大世界体系的

---

① 丰特奈尔的《死人对话新编》共六卷，两卷题为"古代死人的对话"，两卷题为"现代死人的对话"，两卷题为"古代死人与现代死人的对话"——诸如萨福与劳拉（Laura）、苏格拉底与蒙田、阿琵基乌斯（Apicius）与伽利略、柏拉图与苏格兰的马格瑞特的对话。见 Donald Schier 编（有导言和英文笺注），*Nouveaux dialogues des morts*, Uni. of North Carolina Press, 1965。关于丰特奈尔，伯瑞的《进步的观念》一书有专章介绍（前揭，页 71 - 90）。

② 见 Robert Shackleton 编，Oxford，1955；英译本 *Conversation with a Lady on the Plurality of Worlds*（London，1719）。次年，丰特奈尔还发表了《神谕史》（*Histoire des oracles*，1687），今见 *Oeuvres complètes*，Alain Niderst 编，vol. 8，Paris，1990。

对话》和1638年（明崇祯十一年）出版的《论两种新科学及其数学证明》的启发。据说，伽利略的《对话》在当时几乎是知识青年的最爱，以至于那个时候的知识青年都迷上了天文学。①《关于世界多样性的对话》给时年不到30岁的丰特奈尔带来巨大声誉，伏尔泰后来称该书为"把优美的文笔运用于撰写哲学著作"这一"精巧技艺"的首例。②趁《关于世界多样性的对话》获得成功的大好时机，丰特奈尔紧接着发表《关于古人与现代人的离题话》，重新提出《死人对话新编》的厚今薄古主题。

就古今之争事件而言，《关于古人与现代人的离题话》的影响力未必远大于《关于世界多样性的对话》。③ 即便如此，在伏尔泰看来，《关于世界多样性的对话》有一个根本缺陷，即把哲学真理"建筑在笛卡尔的涡流运动的空想上"。

---

① 伽利略，《关于托勒密和哥白尼两大世界体系的对话》，周煦良等译，北京大学出版社，2010。即便在今天读来，这部《对话》也饶有兴味。伽利略本人在对话中没有出场，对话在他的三位朋友——威尼斯人沙格列陀和佛罗伦萨人萨尔维阿蒂及一位亚里士多德信徒——之间进行，伽利略用6世纪时著名的亚里士多德注疏家辛普利邱的名字来代称这位信徒。采用对话体并非为了躲避罗马教廷意识形态机关的注意，而是为了生动有趣。在相当于前言的"致明智的读者"中，伽利略明确承认对话是他写的，目的是为了更好地叙述哥白尼体系，并让这一体系作为一种"纯数学假说"来驳斥当时仍然占支配地位的亚里士多德天象学。伽利略指责同时代的亚里士多德信徒"满足于崇拜死人"，而非"以应有的慎重态度来进行哲学研究"。《对话》不仅力图用哥白尼说来驳倒传统的天体说，同样重要的是，《对话》还反映了时代的新哲学精神：要求进行哲学思考必须凭靠数学理性（参见伽利略，《对话》，前揭，页141）。

② 参见伏尔泰，《路易十四时代》，前揭，页474。

③ 伏尔泰在词条"古人与今人"中引用了"聪明博学的丰特奈尔"《关于古人与现代人的离题话》中的文字，褒奖之余还嫌丰特奈尔的观点不够彻底。参见伏尔泰，《哲学辞典》，前揭，页96–97。

伏尔泰拒绝笛卡尔并不意味着他反对新科学。与孟德斯鸠一样,伏尔泰是个崇英派(类似于今天的崇美派),崇拜培根和牛顿而非自己的同胞笛卡尔。他指责笛卡尔背离了培根指出的道路,"与理应采取的做法背道而驰,不去研究大自然,而是对之进行猜测"(《路易十四时代》,前揭,页 458 – 459)。按伏尔泰的说法,倘若《关于世界多样性的对话》普及的是牛顿学说而非笛卡尔学说,就堪称现代经典了。然而,事实上,在整个启蒙运动时期,《关于世界多样性的对话》都是"经典"读物——休谟(1711—1776)已经把丰特奈尔拿来与西塞罗和普鲁塔克一类古典作家做对比。① 一百多年后,尼采还把丰特奈尔算作自蒙田以来至十八世纪最出色的六位法国作家之一(尤其推崇《死人对话新编》),虽然言辞不无反讽。②

无论如何,文人佩罗的厚今薄古论来自新派自然科学家的厚今薄古论,意味着古今之争绝非是一场仅仅涉及文艺创作原则(所谓模仿还是不模仿古人)的论争。佩罗对荷马的攻击表面看来纠缠的是诗艺,其实是攻击荷马不懂科学。伏尔泰在撰写哲学词条"古人的天"时还模仿丰特奈尔和佩罗的腔调这样调侃荷马:

---

① 参见休谟,《人性的高贵与卑劣》,杨适等译,上海:上海三联书店,1988,页 23,亦参页 176、页 180。

② 参见尼采,《人性的,太人性的》,下卷,第二篇,214 节,李晶浩、高天忻译,上海:华东师范大学出版社,2008。直到今天,丰特奈尔的历史观仍然是法国知识人的楷模,参见布罗代尔,《文明史》,常绍民等译,北京:中信出版社,2014,页 69。

倘若有人问荷马，萨尔佩东的灵魂到哪个天上去了，赫丘利的灵魂在哪里，荷马会很窘：他必然会用悦耳的诗篇来答复。①

佩罗的对话录《古人与今人对比》第四卷在 1692 年出版之后，古典学者布瓦洛（Nicolas Boileau‑Despréaux，1636—1711）发表了研究朗吉努斯佚作《论崇高》的论文（1693），借此回击佩罗对荷马的攻击。② 布瓦洛与佩罗一样是个没什么才华的诗人，他模仿品达颂诗体写过赞颂路易十四攻陷那慕尔的叙事体颂诗《攻陷那慕尔颂》（*Ode sur la prise de Namur*），在歌颂专制君主方面与佩罗为友，但在古今之争问题上，他与佩罗为敌。布瓦洛在青史上留名，除了靠他那篇平淡的《论诗艺》（*L'Art poétique*），更多的是靠他当时挺身捍卫荷马。他坚持传统的观点：历史上确有荷马其人，而且《伊利亚特》与《奥德赛》具有内在的一致性。布瓦洛宣称，就写作技艺而言，现代诗人当中没有谁是荷马的对手。何况，佩罗连希腊文都不怎么样，谈什么荷马啊……他轻蔑地表示，对"一个连荷马语文都不懂的人"，最好别理。他甚至用带人身攻击的修辞说："一个天生的瞎子不应该满街跑到处喊叫。"布瓦洛的

---

① 伏尔泰，《哲学辞典》，前揭，页 357。
② 英译（A Treatise of the Sublime from the Greek of Longinus with Critical Reflections）收入《布瓦洛文集》（Nicolas Boileau‑Despréaux, *Works*），两卷本，London，1712，卷二。研究文献见 A. F. B. Clark, *Boileau and the French Classical Critics in England*, New York, 1965。

攻击让崇古知识人高兴，让崇今知识人愤怒，一场激烈论争在法国知识界骤然爆发。半个世纪以后，伏尔泰在哲学词条"古人与今人"中评说这场论战时说：

> 佩罗把荷马的一段诗句理解错了，或许他把理解的那一段没有译好吧？布瓦洛便抓住这个小辫子，把他当作最危险的敌人猛烈攻击，认为他是不学无术、文笔平庸的作家。但是，很可能是，佩罗有时见解错误，可他对于荷马史诗中的矛盾百出、重复连篇、战斗的单调、在混战中长篇大论的演说和诸神行为粗野轻率，以及他认为这位伟大诗人所犯的一切错误，也时常批评得有道理。总之，布瓦洛讥笑佩罗之处大大超过他肯定荷马之处。①

佩罗与布瓦洛的论战引发的论争持续了十年左右，按列维尼的说法，法兰西王国绝大部分知识人卷入了这场论争，直到1711年方才渐趋平息——但没过几年，论争又卷土重来。1714年，法兰西王国学院院士德·拉莫特（Antoine Houdar de la Motte，1672—1731）出版了一个通俗化的《伊利亚特》简写本（诗体），把荷马诗作改写成当时的流行诗歌。德·拉莫特是丰特奈尔的好友，有poète-philosophe［诗人-哲学家］之称。② 他在编写的《伊利亚特》通俗本后面附上了一篇题为

---

① 伏尔泰，《哲学辞典》，页102。
② 丰特奈尔在1691年入选法兰西王国学院院士，1697年起成为常任院长，德·拉莫特在1710年入选院士。

《论荷马》（*Discours sur Homère*）的文章，说明自己为了让今人能够更好地理解荷马诗作，如何以笛卡尔哲学这一时代的良好理知为指导，祛除《伊利亚特》的乏味章节，修正诸神和英雄们的败坏行为，删减或压缩喋喋不休的说辞，最大限度地减少重复，摒弃违背自然知识的情节……达西尔夫人（Madame Dacier，1654—1720，本名安妮·勒费弗尔［Anne Lefèvre］）怒不可遏，随即撰文反击——这位崇古派女将古典学养深厚，曾将《伊利亚特》忠实地译成典雅的法文（散文体，1699 年），而且正在翻译《奥德赛》（1718 年出版）。①

论争再次爆发，诸多巴黎知识人加入论战——按列维尼的说法，双方都用上了冷嘲热讽。达西尔夫人的丈夫安德烈·达西尔（André Dacier）也发表了一篇亚里士多德《诗术》注疏，声援自己的妻子。1715 年，一个姓特拉松（Abbé Jean Terrasson，1670—1750）的僧侣学者出版了一部两卷本巨著，题为《论荷马〈伊利亚特〉的考据，或寻求一种基于理性的诗学之规则》（*Dissertation critique sur l'Iliade d'Homère, ou ··· on cherche les règles d'une poétique fondée sur la raison*，Paris 1715，扩充本 1716，有英译本）。特拉松神父是古希腊语教授，古典文史功夫不错（也写小说），但他宣称，新哲学应该主宰一切，笛卡尔才是真正的大师，没有哪个古代或现代哲人能望其项背。由于荷马不知道笛卡尔，因此他的智识一塌糊涂——即便荷马生活在蒙

---

① 关于达西尔夫人，参见 Fern Farnham, *Madame Dacier: Scholar and Humanist*, Monterey, 1962。

昧无知的年代不知道笛卡尔情有可原,他不知道科学理性常识却不可原谅。当今的文学如果要取得类似晚近科学取得的成就,就必须首先废黜荷马的权威,正如搞科学研究必须首先废黜亚里士多德的物理学和天文学。特拉松由此推论:古代经典并不具有亘古不移的价值,而且是否可信也还得接受新理性科学的裁决。特拉松的抱负是,凭靠最新的自然科学研究成果,将真哲学的理性引入整个 Belles Lettres [纯文学](包括修辞学、诗学、文学评论和语文学)。特拉松甚至宣判文艺复兴人文主义者的事功作废,因为他们还没有掌握先进的笛卡尔哲学,不可能真正懂得如何学习和理解传统。毕竟,笛卡尔以来的新哲学才开始学会掌握人类心灵的真正规律,掌握了新哲学才能搞懂过去所有年代的人类心灵。以现代数学理性这块经过"千锤百炼的真理的试金石"为武器,特拉松不仅声讨西方的古代,而且鞭挞其他古代文明。

1719年,一个姓杜博(Jean‑Baptiste Du Bos, 1670—1742)的神父出版了一部四百多页的大作,题为《关于诗歌和绘画的批评反思》(*Réflexions critiques sur la poésie et sur la peinture*),在法国启蒙运动兴起之时被译成英文后(Thomas Nugent 英译,London 1748),据说在欧洲学界家喻户晓。① 杜博神父本来是个笛卡尔主义者,论争让他对自己的立场有所反思,力图调和古今两派。尽管他确信,今人在哲学和科学方面

---

① A. Lombard, *La Querelle des anciens et des modernes: L'Abbé Du Bos*, Neuchatel, 1908。休谟在其论说文中就引证过"修道院院长杜博"关于诗与绘画的思考,参见休谟,《人性的高贵与卑劣》,前揭,页178。

更胜一筹，但不等于在文学和艺术方面同样如此。毕竟，凭靠历史认识的积累获得的学问（史学）和基于事实和经验的学问（哲学）与需要情感和想象的学问（诗歌），性质上完全不同。不过，杜博仍然站在今人立场，对古人始终持有一种进步论的优越感，惋惜荷马"不幸生活在一个淳朴无知的年代"。

德·拉莫特是作家，并非古典文史家，与达西尔夫人不具有共同的学识基础。特拉松则不同，他与达西尔夫人都是古希腊文史专家，两人却因古今之见不同成为敌对者。1718年，意大利地区帕多瓦王国的年轻贵族孔蒂（Antonio Conti）来到巴黎观战，然后写了一份有关巴黎古今之争的报道，为荷马辩护，嘲笑特拉松荒谬可笑。[①] 在此之前，因胡格诺教派遭受迫害而流亡到荷兰的培尔（Pierre Bayle，1647—1706）在其著名的《历史与批判辞典》（*Dictionnaire historique et critique*，1697年首版，1702年增订版）的"阿喀琉斯"词条中报道巴黎的论争时，则立场鲜明地支持崇今派。[②] 由此可见，古今之争不

[①] 孔蒂传记参见 Nicola Bdaloni，*Antonio Conti：Un abbate libero pensatore tra Newton e Voltaire*，Milan，1968。关于持续论战的描述，参见 Noémi Hepp，*Homère en France au XVIIe siècle*，Paris 1968，亦参列维尼在《维科与古今之争》一文（前揭）中的扼要描述。历史文献参见 Francis Brerewood，*A Critical Dissertation upon Homer's Iliad*，两卷本，London，1722—1725。

[②] 伏尔泰在"古人与今人"词条中对十八世纪初在巴黎再度爆发的荷马之争也有描述，参见《哲学辞典》，前揭，页107－118。《历史和批评辞典》是西方现代文史上第一部启蒙百科全书，以科学理性的批判精神纵论古今各种思想，直接影响了后来巴黎的《百科全书》构想。在启蒙运动文人眼里，培尔是英雄，伏尔泰、卢梭、狄德罗无不崇拜培尔。《历史和批评辞典》被译成英文和德文后，培尔也成了休谟乃至腓特烈大帝、杰斐逊、富兰克林的崇拜对象。

仅是同一个国家中甚至有共同学问基础的知识人的分裂,也是整个基督教欧洲知识人共同体的分裂。在此一个世纪之前的宗教改革导致的基督教欧洲各国的内部政治分裂仍在蔓延,古今之争不仅加剧了基督教欧洲知识人共同体的内部分裂,而且使得分裂变得更为错综复杂。

如今流行的观点认为,启蒙运动的兴起证明,佩罗依据"实证考据"贬低荷马所引发的荷马大论战以崇今派获胜告终。其实,这种说法缺乏历史依据。1766年,年轻的德意志学人莱辛发表《拉奥孔》,通篇都在谈模仿荷马的问题(明确提到佩罗和特拉松),[①] 但莱辛恰恰是个崇古派人物——而且是从崇今派倒戈过来的。这部在启蒙运动期间问世的作品表明,围绕荷马的古今之争并没有完结,论争仍然潜伏在启蒙潮流之中。从今天的情形来看,即便启蒙文化抹平了欧洲基督教的分裂伤痕,也未能抹平欧洲知识人共同体因古今歧见导致的分裂。就此而言,古今之争比宗教改革的历史影响更为深远。

二 古今之争:伦敦

围绕荷马的论争在法国知识界爆发之前,古今之争的战火其实已经在伦敦点燃。1690年,出身于伦敦的英国文人、资深

---

① 参见莱辛,《拉奥孔》,朱光潜译,北京:人民文学出版社,1988,页104。

政治家坦普尔爵士（Sir William Temple，1628—1699）在伦敦发表了《论古今学问》（Essay upon Ancient and Modern Learning，写于1689年）一文，[1] 主动对崇今派发起攻击，矛头所向并非佩罗，而是自己的同门柏奈特和法国人丰特奈尔。

坦普尔的父亲是锡德尼的秘书，他从小喜欢文学，早年在文法学校修习拉丁语和古希腊语文学，后来就读于剑桥学院，师从当时著名的柏拉图主义者卡德渥什（Ralph Cudworth）。起初坦普尔是个文人，写论说文和小说。[2] 英国王政复辟之后，坦普尔开始了自己在爱尔兰议会的政治生涯，长期出任外交官。从政期间的坦普尔不忘情于文学，大量阅读古书，尤其喜欢东方秘学。52岁那年（1680），坦普尔突然退休，重新回到自己喜爱的以阅读和写作为主的生活方式。不过，坦普尔虽然热爱古典，却并非在古代文史方面深有造诣的古

---

[1] 这篇论说文是1690年11月坦普尔出版的文集《杂篇二编》（*Miscellanea, The Second Part*）中的一篇，该书共四篇论说文，其余三篇分别题为："论伊壁鸠鲁的园子"（Upon the gardens of Epicurus）、"论英雄德性"（Upon heroic virtue）和"论诗"（Upon poetry）。1692年出第三版时，坦普尔对《论古今学问》一文作了修订，次年重印，并被译成法文。坦普尔去世后，《杂篇二编》被收入四卷本《文集》（*Works of Sir William Temple*，London，1814）卷三和《全集》（*The Complete Works*，New York，1898）卷三（今人讨论该文时通常引用后者）。《杂篇二编》中除《论古今学问》外，《论诗》也涉及古今之争。1909年，哥伦比亚大学教授 J. E. Spingarn 将这两文重新编辑，作笺注单独刊行，题为 *Sir William Temple's Essays on Ancient and Modern Learning, and On Poetry*（Oxford，1909/2013）。中译见坦普尔，《论古今学问》，刘小枫编，李春长译，北京：华夏出版社，即出。本文所引均自李春长译文（个别引文略有改动），页码则注 J. E. Spingarn 本，便于读者核查原文。

[2] 参见 C. Moore Smith 编，*The Early Essays and Romances of Sir William Temple*，Oxford，1930。传记参见 Homer E. Woodbridge，*Sir William Temple: The Man and His Works*，New York，1940。

典学者，古希腊语也学得并不好，主要通过英译本和拉丁语译本阅读古希腊经典，而且并非是个完全排斥现代新知识的守旧分子——尽管如此，他认为崇今派贬低古人的理据没有道理。

坦普尔在1689年写下《论古今学问》的直接导因，并非佩罗在1688年发表的《古人与今人对比》前两卷，而是丰特奈尔的《关于古人与现代人的离题话》，以及一位名叫柏奈特（Thomas Burnet，1635—1715）的学者所写的《大地的圣化理论》（*The Sacred Theory of the Earth*）。柏奈特是伦敦一所中学（Charterhouse School）的校长，早年毕业于剑桥学院，也师从卡德渥什，算坦普尔的学弟。但与坦普尔不同，柏奈特虽然研习古代哲学和基督教神学，却醉心于新派哲人如培根、伽桑狄，尤其迷醉笛卡尔哲学。与丰特奈尔用通俗文学普及笛卡尔哲学不同，柏奈特的《大地的圣化理论》是一部基督教意义上的"世界史"巨著（两卷本），非常学究化，用拉丁文写成（名为 *Telluris theoria sacra*，第一卷出版于1681年，三年后经扩充再版并被译成英文；第二卷出版于1689年，随即有了英译本）。基督教意义上的"世界史"源于文艺复兴末期的十六世纪，当时称为 historiae universae［普遍历史］，通常从《旧约》伊甸园一直写到作者所属王国的诞生时代。比如波舒哀（Jacques Benigne Bossuet，1627—1704）为法王路易十四的太子所写的教材《论普遍历史》（*Discours sur l'histoire universelle*，1681），就从伊甸园一直写到查理曼大帝立国，在当时非常有名。《大地的圣化理论》类似于这样的"世界史"，但与波舒哀用奥古斯丁传统的基督教信理来解释欧洲历史不同，柏奈特试图用新派哲学原理来解释欧洲历史，尽管并没有放弃寻求与基督教信理协调一致。全书带有浓厚的新派哲学思辨色彩，与其说是一部史书，不如说是一部历史哲学论著，有如后来黑格尔讲授的"世界历史哲学"——但在坦普尔看来，柏奈特此书则只能算哲学小说。

《大地的圣化理论》第一卷出版之后，既受到热烈赞扬，也引发了激烈争议。柏奈特在一开始便宣称：古人拥有的知识不是靠自己创造出来的，亦即不是凭思辨理性和观察自然得来的，而是凭不可靠的传说获得的。言下之意，古人关于历史的说法都靠不住。柏奈特相信，新派哲学所取得的成就超过了以往任何时代。毕竟，知识随着历史的脚步在不断进步，晚近的进步尤其显著。他甚至于觉得，按此道理，他的哲学比笛卡尔哲学更为进步。因此，柏奈特相信自己有理由摈弃古典遗产。①

针对柏奈特尤其针对丰特奈尔，坦普尔写下了战斗檄文《论古今学问》。毕竟，丰特奈尔的《关于古人与现代人的离题话》更为旗帜鲜明地发起了对古人的挑战。严格来讲，丰特奈

---

① 古今之争爆发后不几年，柏奈特又推出一部用拉丁文写成的大作《哲学考古学》（*Archaeologiae Philosophicae*，London，1692），三十多年后被人译成英文出版，用的是双语书名《万物起源的古代学说；或各民族哲人关于世界起源的学说研究》（*Doctrina antiqua de rerum originibus*; or, *An Inquiry into the Doctrines of Philosophers of All Nations Concerning the Origin of the World*，London，1736）。仅仅从书名看，这部大作就带有启蒙哲学色彩——甚至后现代色彩，因为我们难免会想起福柯的《知识考古学》。柏奈特的所谓"哲学考古学"不过就是用新的哲学理性来评判西方和东方的所有古代传说——从摩西、波斯法师、佐罗阿斯特（Zoroater）到三倍伟大的赫耳墨斯：由于他们都不具备物理学的证明能力和数学的推演能力，他们的学说都靠不住。

尔的宣传品式的"离题话"既是巴黎也是伦敦的古今之争的直接导火索，分别激发了佩罗的《古人与今人对比》和坦普尔的《论古今学问》：佩罗追随丰特奈尔把战火引向荷马，坦普尔则抨击丰特奈尔，主动阻击崇今派发起的攻势。《论古今学问》在论及古代学问时具有广阔的视野，不仅涉及西方古典学问，也涉及近东和远东的古典学问。在坦普尔看来，凭靠新的自然科学成就摈弃古典遗产，不仅是目光短浅的表现，毕竟，新的自然知识更多具有的是实用性，只会引导人们追求实际利益——更重要的是，今人若抛弃古人就会丧失眼界的高度。培根曾把今人比作"站在巨人肩上的侏儒"，因为今人既可以利用古人的知识也可以利用现代的知识。言下之意，今人即便是侏儒，由于他站在了巨人肩上，也就比巨人看得更多更远。坦普尔则说：

> 我们若是侏儒，即使站在巨人肩上仍然是侏儒；我们若是天生短视，或对周围情况不像巨人那么了解，或由于胆小和迟钝在高处感到晕眩，我们就是站在巨人肩上，也比巨人看得少。（《论古今学问》，页 18–19）

坦普尔对崇今派的来头知根知底：尽管丰特奈尔和柏奈特主要依傍笛卡尔学说贬抑古人，崇今派精神的始作俑者是培根。历史刚刚进入十七世纪之时，44 岁的培根就用通俗的散文笔法写了《学术的进展》（*Advancement of Learning*，1605，明万历三十三年）。这仅是他计划写作的共有六个部分的大作《伟大的复兴》的第一部分，旨在描述迄今为止的学问状

况。在这部通俗笔法的论说文中,培根说过这样一句话:

> 实在说来,古代只是人类的幼年,它指的是那些社会很古老的时代,而不是说从今天倒数回去的那些时代。①

佩罗所模仿的丰特奈尔的那句名言("古人在我们看来其实年轻")并非丰特奈尔的发明,其实是模仿培根。新派智识人认为,现代人在自然知识、数学、逻辑学等方面已经超过古人,因此古人不再具有权威,这一广为当时的新智识人接受的共识也来自培根。《学术的进展》明确提出,不假思索地遵从古代权威,必然有碍科学认识的发展,任何学问都会无所建树。因此,培根才是古今之争的真正发动者。在近代以来的西方文史中我们很容易看到,用来废黜古代权威的核心观念是所谓"进步论",这在后来的启蒙运动时代蔚然成为学界显论。② 培根正是首先明确提出这一观念的要人,他在《学术的进展》中写道:

> 我的确渴望尽可能用我的笔,在古代(Antiquitie)与进步(Proficience)之间建立一个友好的交流基础,看起来最好的是,沿着古代的道路,usque ad aras [一追到底]。(《学术的进展》,前揭,页52)

---

① 培根,《学术的进展》,刘运同译,孙宜学校,上海:上海人民出版社,2007,页27。

② G. Spadafora, *The Idea of Progress in Eighteenth – Century Britain*, New Haven / London, 1990。

培根贬抑古人的说法虽然比较隐晦,不那么张扬,但《学术的进展》所呈现的知识进步远景让当时的知识青年激动不已。在培根的影响下,意大利人塔索尼(Alessandro Tassoni, 1565—1635)在 1620 年再版自己的文集《杂思》(*Pensieri diversi*, 1612 年初版)时,添加了"论古人与今人"一章(第十章),质疑荷马的权威,说荷马算不上"渊博的哲人和精确的史家"(profondo filosofo ed esatto istorico)。塔索尼被史家视为以"论古人与今人"这个标题明确提出厚今薄古主张的第一人,曾名噪一时,伽利略一生对这本书也爱不释手。①

按培根的设计,《伟大的复兴》的第二部分将提出一种新的科学研究方法,这一部分更重要,是"破"之后的"立"。然而,直到 15 年后发表《新工具》(*New Organon*, 1620,明万历四十八年),培根才完成了这一部分,但至死都没有完成后面四个部分。② 丰特奈尔和佩罗都视为精神导师的笛卡尔(1596—1650)其实是培根的学生,他在 1637 年发表的小册子《方法谈》所用的大部分论证都秘而不宣地取自培根的《新工具》。③ 1751 年,《百科全书》第一卷在巴黎出版,年仅 30 岁的达朗贝尔执笔撰写了"导言",奉培根和笛卡尔为精神导师——

---

① 参见伯瑞,《进步的观念》,前揭,页 57–58;列维尼,"维科与古今之争",前揭,页 109。

② 参见伯恩斯,"《新工具》与征服自然",见刘小枫编,《古典诗文绎读:西学卷·现代编》,李小均、赵蓉等译,上卷,北京:华夏出版社,2009,页 179–195。

③ 参见肯宁顿,"《方法谈》的笔法",见刘小枫编,《古典诗文绎读:西学卷·现代编》,前揭,页 285–298。

事实上，这篇"导言"堪称笛卡尔《方法谈》的续篇。①

坦普尔在《论古今学问》中把矛头主要对准丰特奈尔，他说：

> 在哪些学科方面我们可以声称超越了前人呢？在过去的一千五百年内，除了笛卡尔和霍布斯之外，我不知道还有哪个哲人能够具有这么崇高的地位。对于笛卡尔和霍布斯，我在这里不作评判。我仅仅要说，按照当今学者的意见，他们俩绝没能掩盖柏拉图、亚里士多德、伊壁鸠鲁和其他古人的光辉。在文法或修辞上，尚没人质疑古人的成就；就我所知，在诗歌方面基本也是一样，只有我上文提到的那位新近的法国作家（[引按]指丰特奈尔）提出了不同意见。我认为，反驳他的最有力的证据莫过于他自己的诗歌和论文合集。（《论古今学问》，页25）

坦普尔在这里将霍布斯与笛卡尔相提并论让今天的我们感到有些奇怪，毕竟，霍布斯并非为崇今派提供武器的人物，而是为正在出现的新政制提供武器的人物，尽管他在《利维坦》中的确已经公然挑战柏拉图和亚里士多德的权威。事实上，在迄今为止讨论古今之争的文献中，霍布斯很少被提及。② 然

---

① 关于笛卡尔与进步论启蒙思想的关系，参见 Peter A. Schouls, *Descartes and the Enlightenment*, McGill-Queen's University Press, 1989。亦参索雷尔，《进步的幻觉》，国英斌、何君玲译，北京：光明日报出版社，2009，页15-20。

② 列维尼研究古今之争的四百多页大作 *The Battle of the Books*（前揭）仅四次顺带提及霍布斯。

而，在笔者看来，坦普尔将霍布斯与笛卡尔相提并论具有极为重要的思想史意义。毕竟，从思想史的角度来看，作为现代自由主义政治观念的公认鼻祖，霍布斯的新政制观得到笛卡尔新哲学观的支撑是一个理论事实。在坦普尔看来，新哲学观与新政制观的合流是欧洲自古代晚期以来最重要的事件——尽管这种合流是历史的偶然。这意味着，坦普尔敏锐地意识到，时下的古今之争绝非仅是古今学问优劣之争，也是古今政制优劣之争。我们甚至可以说，坦普尔明确意识到，时下的古今之争与英国正在发生的政制大变革有关。我们不能忘记，1688 年，支持议会的辉格党人与部分托利党人发动宫廷政变，废黜詹姆斯二世，邀请詹姆斯二世的女儿玛丽和时任荷兰奥兰治执政的女婿威廉回国执政；次年，议会颁布《权利法案》确立议会式君主立宪制，剥夺了君主的主权，史称现代民主政制的先驱……正是在这一年，坦普尔写下了《论古今学问》。坦普尔清楚地知道，古今之争其实早在半个多世纪以前就开始了。换言之，在坦普尔眼里，英格兰所经历的共和革命和随后的"光荣革命"，都与崇今派的兴起有关。坦普尔既非哲学家也非书斋学者，而是有长期政治实践经验的政治家，其经历与马基雅维利有些相似：早年受人文主义教育，然后从政，退出政坛后从事写作长达 18 年。[①]坦普尔意识到英国的政制变革与看似同政治不相干的学问论争有着内在关联，并不奇怪。

---

① 坦普尔的政治论说文既涉及政治法理，也涉及实际政治，如《论统治的起源和性质》（1680）、《对低地联省的若干观察》（见《全集》，卷一）和《论民众的不满》（见《全集》，卷三）等。

由此可以理解，在巴黎，布瓦洛与佩罗的论争主要引向了这样一个问题：就文学成就而言，今人是否不能超越古人，是否一定得模仿古人？与此不同，在伦敦，坦普尔的《论古今学问》虽然也提到作诗，但明显更关心古今之争与政治制度乃至文明形态的关系。《论古今学问》一开始就说，写作自古分两类，要么为了"娱乐"（entertainment），要么为了"训导"（instruction），读书人的才智和学识为此各显神通。然而，在坦普尔眼里，如今这两类写作都算不得什么，因为，读书人如今面临一个古人也从未论及的问题，即"一些国家不同的宗教法律的宪制和统治以及由此而产生的一切争论"（the different constitutions of religious laws or governments in several countries, with all matters of controversy that arise upon them，页2）——这话听起来真有点儿张之洞当年所谓"三千年未有之大变局"的味道。事实上，《论古今学问》的基本特征是：通篇把学问的品质问题与政治制度的优劣问题联系起来。做学问虽然是学人个人的事情，但在坦普尔看来，学问本身与政治制度的关系非常密切，而政治制度又与文明传统联系在一起。

> 毕竟，我不清楚，造就卓越的智慧和知识是否与造就权力和帝国一样，或许只能依赖某些个人纯粹的精神力量或天赋，而非从他们那里承传的实力，无论这种承传为其增色多少；这些智慧和知识可能只能自然天成，不能通过技艺来提升。（《论古今学问》，页16）

《论古今学问》的中心主题其实是古今政制比较，由于坦普尔笔下的古代政制也包括东方甚至中国的古代政制，在今天看来，这篇论说文堪称两种"普世"政制原理的首次对决：古老的"普世"政制原理与如今被称为"普世价值"的民主政制原理的对决。这篇论说文足以纠正西方学界长期流行的关于十七世纪末古今之争的错误说法，提醒我们应该认识到：第一，古今之争并非首先发生在巴黎；第二，古今之争并非仅仅关涉文学艺术，甚至也并非仅仅关涉广义的学问，而是更关涉古代文明与现代文明的优劣。①

《论古今学问》在1793年被译成法文，激发了巴黎的布瓦洛和拉辛（Racine）对佩罗开战。另一方面，佩罗的《古人与今人对比》也被译成英文，激发了伦敦的崇今派对坦普尔开战：巴黎和伦敦两个战场由此连成一片。1694年，年轻的古典学家沃顿（William Wotton, 1666—1727）出版了一部近四百页的大作《关于古今学问的反思》（*Reflections upon Ancient and Modern Learning*），反驳坦普尔的《论古今学问》这篇短论，使得论争骤然升级。沃顿出生于学者世家，据说小时候是个神童。他父亲热衷搞新式教育实验，在父亲的精心培

---

① 迄今为止，西方学界提及古今之争事件的主流文献通常仅提丰特奈尔和佩罗，不提坦普尔。即便列维尼的大作 *The Battle of the Books* 在说到《论古今学问》时，也没有关注所涉及的政制问题。施特劳斯说，谁"尝试解决那些最为重要而且永远重要的政治争议"，谁才算得上"政治哲人"。在说到"古典政治哲人和当今政治科学家之间的区别"时，施特劳斯以坦普尔为古典式政治哲人的例子。见施特劳斯，《古典政治理性主义的重生》，郭振华等译，叶然校，北京：华夏出版社，2011，页99及页100注1。

育下，沃顿六岁就能用拉丁语、希腊语、希伯来语三种古典语文阅读，上剑桥大学时还未满十岁，年纪轻轻就才学出众——1687年成为英国皇家学会会员时年仅21岁，发表《关于古今学问的反思》时才28岁。随后，皇家图书馆馆长本特利（Richard Bentley，1662—1742）出面声援沃顿。他虽然没有沃顿那样的神童背景，却也在24岁那年就以六种《圣经》古本汇编会注闻名学坛。1693年年底，本特利出任皇家图书馆馆长。论战爆发后，他以古典学权威学者的身份写了《论法拉里斯书简》（*A Dissertation upon the Epistles of Phalaris*）一文，让沃顿在1697年重版《关于古今学问的反思》时用作附录。这篇文章满篇古书引文和古注（Scholia），以新派证伪考据法论证古罗马时期的《法拉里斯书简》和古希腊晚期的《伊索寓言》都是伪作，因为坦普尔在《论古今学问》中曾写道：

> 就推崇古人而言，也许还可以进一步断定，我们现有最老的书籍在古书类中仍然是最好的。在我们称为俗世作家（profane authors）的散文作品当中，我所知道的两部最古的（the two most ancient）是《伊索寓言》和《法拉里斯书简》。伊索、法拉里斯、居鲁士和毕达哥拉斯基本生活在同一时代。[以往]所有时代的人都同意，伊索是寓言类最伟大的大师，所有其他这类作品都是在模仿他的原创；同理，我认为，《法拉里斯书简》比我读过的其他同类的古代和现代作品都更独特、更灵气、更充满机智和天赋的力量。（《论古今学问》，页34–35）

如今具有西方古典学常识的人都知道，伊索是古希腊文史中的传说人物，希罗多德最早在《原史》中提到过他，随后的阿里斯托芬和柏拉图在作品中也都提到过他，但历史上是否真有其人难以断定。法拉里斯（约公元前570—约前549年）则是古希腊罗马典籍中有明文记载的西西里地区阿克拉伽斯（Acragas）城邦的僭主，① 他推翻当地贵族的统治后试图将城邦扩张为一个帝国，但施行统治16年后被推翻。法拉里斯在古书中被用作残暴统治者的代名词，古代晚期的希腊语作家路吉阿诺斯曾撰文为他恢复名誉。公元四到五世纪时，出现了托名法拉里斯的《书简集》（共148封），在意大利文艺复兴时期被译成拉丁文后一路走红，成为人文主义教育的通识文本之一（1695年伦敦还出现了拉丁语新译本 *Phalaridis Agrigentinorum Tyranni Epistolae*）。今本《伊索寓言》的成书年代很晚，最早也在希腊化时期。坦普尔欠缺古典文史知识，或一时笔误也说不定，总之，他把《伊索寓言》和《法拉里斯书简》称为"最老的书籍"（the oldest books），以此作为"推崇古人"（in favor of the ancients）的证据，显然露了大怯。本特利很容易就指出，所谓《法拉里斯书简》是伪作。他花了一番功夫来证明，传世的《伊索寓言》有一半系晚于伊索数百年的后人伪造，另一半篇幅也比以往认为的更为晚出，甚至是所有古代作品中最晚近的。本特利并非单纯的新锐古典学家，与奥比纳克

---

① 参见品达，《皮托凯歌》（*Pythian Odes*），1.95–7；西西里的狄奥多罗斯（Diodorus Siculus），《史籍》（*Bibliotheca historica*），9.18–19；西塞罗，《演说集》（*Orationes*），4.73。

神父一样,他不仅是王室附属教堂牧师,也是"牛顿式"神学家(Newtonian theologian),非常崇拜洛克和牛顿,铁杆的新科学理性派人士,因此主动为沃顿提供弹药。

沃顿借本特利打击崇古派的做法与佩罗依傍奥比纳克神父的做法如出一辙,这就是以新派考据法论证古典作品是伪作来贬低古典作品。让今天的我们得以开眼界的是:坦普尔并非古典学者,却热爱古典,《论古今学问》开篇第一句话是,"新书很难取悦浸淫于古书之人"(页2)——相反,沃顿和本特利是古典学家,整天浸淫于古书,却并不热爱古书,古书在他们手上不过是一件技术活儿的对象。然而,恰恰是这些人史称西方现代古典学的创始人。他们为我们印证了后来尼采的一个说法:搞古典未必等于真正敬重和热爱古典。如今的我们也很容易看到,好些研究西方古代文史甚至研究中国古代文史的古典学者,其实是破碎古典的急先锋。① 崇古与崇今的区分不在于是否受过古学训练或从事古典研究,而在于对古学或古人的态度——是否热爱古典得看心性,而非看专业。

---

① 1992年,美国科罗拉多州的一些同性恋支持者起诉该州刚刚以公投方式通过的一条宪法修正案(科罗拉多州宪法第二修正案)歧视同性恋(该修正案的裁决包括:禁止本州各级政府部门对男、女同性恋和双性恋予以"特殊保护"),属于压制个人自由的违宪行为。丹佛地区法院在判案时为了了解反对同性恋的诉求在《圣经》之外是否有理性基础,同意被告(州政府)和原告分别请来哲学家、古典学家等作证。让人大跌眼镜的是,以研究柏拉图和古希腊肃剧闻名的古典学家纳斯鲍姆(Martha Nussbaum)(其名著《善的脆弱性》有译林出版社中译本)竟然作证指出,苏格拉底、柏拉图和亚里士多德都认为同性恋"不违反自然、不是不道德的,而且无害",从而支持同性恋者的诉求。柏拉图的《法义》卷一636c明确提到同性恋"违反自然",纳斯鲍姆却能把围绕此句的

针对沃顿和本特利的攻击，坦普尔写了《对〈论古今学问〉的评论的若干思考》(Some Thoughts upon Reviewing the Essay of Ancient and Modern Learning) 予以回击。[①] 对坦普尔来说，古书即便是后人的托名之作，那也是古人在托名写作，而非现代人在写作。[②] 如今的古典学家即便能证明某部古书是古代的伪作，也不能证明今天的古学家在心性和灵魂品质上比古人高。坦普尔化用拉辛的诗句直接挖苦丰特奈尔和佩罗：柏拉图、西塞罗、维吉尔等举世敬重的伟大作家的文字一旦经过他们解释就都看起来傻傻的，不过是因为他们把自己的低劣灵魂

整个上下文解释成"这是一个中性的表述"。此案（Romer vs. Evans）最后上诉至美国最高法院，以原告胜诉告终。但纳斯鲍姆用当今时代的"政治正确"来"解读"柏拉图等古典作家的做法，随后遭到不少学者的质疑，有人甚至指责她滥用古典学知识。见 Randall Baldwin Clark, "Platonic Love in a Colorado Courtroom: Martha Nussbaum, John Finnis, and Plato's Laws in Evans v. Romer", *Yale Journal of Law & Humanities* 12.1 (2000), 页1-38。

① 初次发于《杂篇三编》(*Miscellanea, The Third Part*, London, 1701)，见四卷本《文集》，前揭，卷三，页473-501（或《全集》，前揭，卷三，页487-518）。

② 即便今本《伊索寓言》多是古罗马时期的斐德若的托名之作，也是古人的伪托。关于寓言的性质和写作，在随后的古今之争中也成了热门话题之一，而且上升到哲学高度。在巴黎的第二轮古今大战中展露头角的法兰西王国学院院士德·拉莫特并不反对寓言写作，但主张真正的寓言应该暗藏自然法则或培根所揭示的那类先验教训——言下之意，寓言写作用于传扬新科学真理才是真正的寓言。1759年，年轻的德意志文人莱辛发表了自己写的《寓言集》，并附有五篇讨论寓言的短论，题为"论寓言的本质"的第一篇即抨击德·拉莫特的寓言写作和寓言观。在莱辛看来，伊索仍然是寓言写作的楷模——莱辛在文中还把法拉里斯的故事说成辈分最老的古希腊抒情诗人斯忒西科若斯（Stesichoros，公元前七世纪末至六世纪初）的寓言，以此为例来反驳德·拉莫特。参见莱辛，《论寓言》，见中国社会科学院文学研究所编，《古典文艺理论译丛》，卷三，北京：知识产权出版社，2010，页1310-1316，尤其页1314。

强加给古代的高贵灵魂,以至于古代作家看起来就跟他们一样似的(同上,页474)。

三 蜜蜂与蜘蛛的论战

伦敦的"古今学问之战"刚刚展开,坦普尔就在1699年元月去世,接替他继续抵抗崇今派的是他年轻的秘书斯威夫特(Jonathan Swift,1667—1745)——《对〈论古今学问〉的评论的若干思考》一文当时并未杀青,坦普尔去世之后经斯威夫特整理在1701年才发表。斯威夫特出生于爱尔兰都柏林的一个贫苦家庭,15岁进都柏林三一学院读书。21岁那年(1688),因抚养他的叔父去世以及爱尔兰政局动荡,斯威夫特前往英格兰,在远亲的帮助下投靠正在私家庄园撰写回忆录的坦普尔,做他的私人秘书。① 沃顿重版《关于古今学问的反思》那一年(1697),年仅30岁的斯威夫特写下了题为《书籍之战》的寓言小品(篇名全题 A Full and True Account of the Battle, fought last Friday, between the Ancient and Modern Books in St. James's Library [上周五发生在圣詹姆斯图书馆里的古书与现代书之战:一份完整的纪实],通常简称 The Battle of the Books [书籍之战]),采用《伊索寓言》的笔法描绘发生在皇家图书馆里的古书与现代书的激烈战斗,影射当时仍在持续的激烈论战。

---

① 斯威夫特的传记见 Leo Damrosch, *Jonathan Swift: His Life and His World*, Yale Uni. Press, 2014。

《书籍之战》完成于 1698 年,但并未随即出版。1699 年元月坦普尔去世后,斯威夫特离开伦敦回到爱尔兰,在都柏林一所教堂担任总司铎。1701 年,斯威夫特匿名发表了小册子《论雅典和罗马贵族与民众的竞争和争执》(*A Discourse of the Contests and Dissentions between the Nobles and the Commons in Athens and Rome*)。① 这篇论说文共 5 章,从讨论古希腊罗马的三种政制(君主制、贵族制、民主制)入手,过渡到集中讨论贵族与平民的冲突引发的政争,以及由此引出的僭政问题。在斯威夫特看来,贵族与平民的冲突在任何时代都难免,最好的政制是权力均衡的政制或者说混合政制。在总结古希腊罗马政争的历史经验时,斯威夫特认为首先应该吸取的经验教训是:

> 国家的权力均衡一旦正式确定,最为危险和愚蠢的做法是对于民众最初的夺权行为作出妥协。这样做通常是为了逃避无理取闹,以获得安宁,或者把妥协当作仅供买卖的商品。这等于拆掉整体去满足一时之需,是江湖庸医的止痛疗法,将带来意想不到的严重后果。迁就孩子,他会顺从满足;稍微迁就一下恋人,他就会满足,不再有其他要求,于是希望用小小的让步使民众满足。在整个历史长河中,无论是哪一个公民大会,假如能找出一条例证,说明它在起初夺权时得到了一点点满

---

① 中译见斯威夫特,《图书馆里的古今之战》,李春长译,北京:华夏出版社,2015,笔者所引均为李春长译文,页码则注 Frank H. Ellis 校勘、编辑、笺注本,Oxford,1967。

足就从此安于现状,假如能找出一条例证,说明公民大会曾经清楚提出或宣布他们的权限,那么我们才有希望通过思考、讨论和辩论调整权力均衡。然而,既然所有事实显而易见均非如此,我认为,在稳定的国家里不必要采取其他措施,那些被托付重权之人应该持之以恒,坚定信念,永远不要让步于民众的无理取闹,不要使国家有一丝的裂痕,否则无数的权力滥用和争夺迟早必定强行涌入。(Ellis 编本,页 115)

这些话是针对近半个世纪以来的英格兰政争而言的,最后一章直接讨论到英国的当前政制问题,文中出现得最多的是"民众僭政"(a popular Tyranny)这个语词。在斯威夫特眼里,晚近半个世纪的英国政制变革证明的是一个古老的法则:"先是迎来了民众的僭政,然后是单个人的僭政"(a Tyranny, first of the People, and then of a single Person,同上,页 119,[引按]"个人僭政"指克伦威尔)。这篇论说文看起来与当时的古今之争没关系,其实不然。毋宁说,斯威夫特才真正看懂了坦普尔的《论古今学问》。事实上,这篇论说文彻底挑明了《论古今学问》所隐含的论题,而且通篇都在比较古希腊罗马的政争与现代英格兰的政争。议会民主制对西方人来说的确不是现代才有的,古代的雅典和罗马都有平民议会建制——对此斯威夫特的看法是:

无论在古代还是现代,重大议事机构有时抛出无知、

鲁莽、错误的决议，常常让我感到诧异。这使我意识到，民众的议会也会犯个人所能犯的所有问题、蠢事和邪恶。（同上，页120）

与如今的我们喜欢用古代史例来反证民主政制的优异相反，这篇论说文用古代史例来反证民主政制的品质低劣，并进而证明英国的民主革命品质低劣。虽然这篇论说文以史带论，斯威夫特的论析实际上依傍的是柏拉图笔下的苏格拉底的说法：如果城邦不是由有卓越德性的人统治，那么，权力"必然成为你争我夺的东西，这种产生于自己人之间和城邦内部的战争必将毁灭这些人和其余的城邦"（《王制》卷七，520d – 521a；斯威夫特的引用见同上，页114）。在古希腊罗马经典文献中，今人的确找不到对民主政制的颂扬。因此，贬低古典作品，才能更顺当地为现代民主新政提供论证。

斯威夫特离开伦敦之后，古今之争仍在伦敦持续发酵。《论雅典和罗马贵族与民众的竞争和争执》表明，斯威夫特虽身在爱尔兰，却通过写作参与了论争。1702年年初，斯威夫特在都柏林三一学院获得神学博士学位。1704年，时年36岁的斯威夫特出版了长篇寓言体作品《木桶的故事》（*A Tale of a Tub*），[①] 一同付梓的还有《书籍之战》和《论圣灵的机械运转》（*Mechanical Operation of the Spirit*）——这是《书籍之战》

[①] 参见斯威夫特，《木桶的故事》，主万译，南京：译林出版社，2003。研究文献参见 Ernest Tuveson 编, *Swift: A Collection of Critical Essays*, London, 1964; K. Williams, *Jonathan Swift and the Age of Compromise*, London, 1970。

首次面世。①《木桶的故事》矛头直接对准沃顿和本特利——据斯威夫特自述，此书动笔于 1696 年，当年已经完成主要部分，因此成稿先于《书籍之战》，当时坦普尔还在世。虽然都是寓言体作品，《木桶的故事》比《书籍之战》篇幅长得多，结构复杂得多，寓意也隐深得多。若无详细注释，如今的我们很难读透。《书籍之战》不仅篇幅短小，而且寓意浅显易懂，以生动笔法概述了古今之争的来龙去脉，尤其是更为直截了当地揭示古今之争的性质，作为西方近代学问史文献比《木桶的故事》更为显要。

《书籍之战》一开始就说：如今的"智识国家（Intellectual State）或学问共富国（Commonwealth of Learning）"已经形成"武装起来的两派"——"古代派"（the Ancients）和"现代派"（the Moderns），双方所致力的目标必然引发一场短兵相接的精神之战（页 198）。在斯威夫特的心目中，同一个国家的智识人的分裂，就好像英国的人民分裂成了势不两立的国教徒与不从国教徒。国家智识人在意识形态上的分裂如今已是普遍的现代现象，斯威夫特堪称最早把握这一分裂现象的性质的思想家之一。

随后，斯威夫特用了一则寓言式描述来具体界定崇古派和崇今派的品质：

> 最初引发争执的是一小块土地（当地的一位老人向

---

① 权威版本见 The Cambridge Edition of the Works of Jonathan Swift 中的 Jonathan Swift, *A Tale of a Tub and Other Works*, Marcus Walsh 编, Cambridge, 2010。中译见《图书馆里的古今之战》，前揭，以下随文注页码。

我证实了这一点),它位于帕尔纳斯苏斯山两座山峰中的一座之上;最高耸最雄伟的那座山峰似乎在很久以前就毫无争议地从属于一些人们称之为古代派的定居者,而占据另一座山峰的是现代派。后者由于不满自己当前的地位,便派了些特使去古代派那里,指控他们大大侵害了现代派的权利,说他们占据的地方过高,挡住了他们的景致,特别是向东的视野。因此,为了避免战争,他们提出了两条道路供古代派选择:要么现代派慷慨让出自己较低的山峰,古代派连人带财产搬过去住,现代派则接手古代派的地盘;要么古代派同意现代派带来铲子和镢头,将这座山峰削低到他们认为适宜的高度。(页 198)

崇古派占据的位置高意味着眼界高,崇今派占据的位置低意味着眼界低。这是对两派各自的精神品质的界定,如果用理论修辞来表述,就不如寓言修辞生动。不仅如此,这则寓言还寓意了一种"削低"说:面对比自己眼界高的"古人","现代人"要求"古人"要么降低自己的眼界,要么允许"现代人"动手用铲子和锄头"削低"古人的眼界。对于"现代人"的要求,"古人"深感吃惊,他们觉得:

> 若说他们所在的山峰较高,挡住了现代派的视线,那也是爱莫能助;只能希望现代派想一想,高峰为他们遮阴挡雨是否大大弥补了他们所说的损害(若是有的话)。至于削平或挖低,提这样的建议不是愚蠢就是无知。他们建

议，现代派倒不如抬高自己所在的山峰，而不是梦想着削低古代派的山峰。选择前者不仅能得到他们的准许，还会获得大力支持。现代派愤然拒绝了所有这些建议，依然坚持两个方案二选一。于是争端引爆了一场旷日持久的战争，一方仰仗着决心和某些领袖与盟军的勇气，另一方则依赖数量优势，屡败之后还有源源不断的兵源。这场争执耗尽了所有墨水，双方也愈发狠毒起来。（页 198–199）

斯威夫特的笔法看起来不偏不倚，但高低山峰的比喻已经表明，古今之争是精神眼界高低之间的战争。这个脍炙人口的"削低"说来自坦普尔，他在回击沃顿的《对〈论古今学问〉的评论的若干思考》一文中说过，崇今派不过"是一帮 leveller［削平者］"。这种说法具有政治含义，如后来的尼采所说，民主政治就是把人的灵魂往下"拉平"。斯威夫特把坦普尔的说法发展成了一则寓言，以至于沃顿读了《书籍之战》后认为，这篇恶毒的文章出自坦普尔的遗作，斯威夫特是抄袭的。

继"削低"寓言之后，斯威夫特又通过一则蜜蜂与蜘蛛论战的寓言来界定崇今派和崇古派的品质——蜜蜂比喻古代作家，蜘蛛比喻现代作家。蜘蛛住在一座"按照现代防御风格建造而成"的城堡中，以苍蝇为食，因"吞食了数不清的苍蝇而成了庞然大物"。"一只迷路的蜜蜂偶然飞到此处"，落脚在蜘蛛城堡的某处外墙上。蜘蛛对蜜蜂说：

你算个什么东西，无非是个流浪汉，要家没家，要积蓄没积蓄，祖上也没给你留下什么遗产，生来除了一双翅膀和低低的嗡嗡声一无所有。你靠在自然界四处打劫谋生，是个强盗，无法无天地盘旋在草地和花园上空；为了偷窃，你会像抢紫罗兰那样轻松自如地抢劫一棵荨麻。而我可是居家的动物，依赖自身的积蓄生活。这么大的城堡乃是我一手建造的（可见我在数学上的进步），所有材料也都取自我本人。（页204）

斯威夫特在蜘蛛的言辞中放进了崇今派的所有理据，还特别点明最有分量的一个理据：笛卡尔的新数学是崇今派贬低古典的主要武器。对此，蜜蜂的回答是：

那么，我似乎只感谢上天赏赐了我翅膀和音乐；神若不是有最崇高的目的才不会赐予我这两样礼物哩。我确实遍访草地和花园中的所有花朵，但是，无论我采集了什么，都既滋养了我自己，也丝毫无损于花朵的美丽、芳香和美味。至于你，还有你在建筑和数学方面的技能，我没什么可说的。据我所知，你为建造那座房子可能没少花费苦力和心思，但咱俩的这场悲惨经历证明，它的材质显然不怎么样。我希望你以此为鉴，除了技巧和艺术也考虑一下耐用和材质。你甚至自夸不用任何其他生物帮忙，全靠自己吐丝织网，也就是说，如果我们可以依据流出来的东西判断容器里的液体的话，你的胸腔里可是存了不少的尘土和毒药。我绝不是在小看或贬低你这两种材料的实际储备，但我恐怕，要增加这两种东西，你多多少少还是有赖于外界的小恩小惠。你身体中的尘土肯定来自下面清扫出的垃圾。一只昆虫为你提供一份毒剂去杀死另外一只。所以说，归根结底就是一个问题：哪一个生物更高贵？一个仅关心四英尺见方的弹丸之地而且狂妄自负，虽然自给自足，却变一切为废物和毒液，最后造出来的只有毒药和蛛丝；另一个以天地为家，凭着不懈追寻、潜心研究以及对事物的正确判断和辨别，带回了蜂蜜和蜂蜡。（页204–205）

蜜蜂的言辞首先挑明了现代生活方式与古代生活方式的品质差异：古代生活依托于自然，栖息于自然；现代生活依托于人为的技艺（物理学和数学），栖息于人为设计出来的城堡。基于这一对比，斯威夫特引出了一个根本问题："哪一个生物更高贵"，亦即哪一种生活方式更高贵？可想而知，无论论战如何激烈、胶着，论战的性质没有变：这是高贵品质与低劣品质之间的论战。正当双方相持不下时，斯威夫特让被本特利的考据判了死刑的伊索出场。伊索自然站在"古代派"一边，他说：

先生们，有什么能比蜘蛛的架势、措辞和矛盾更现代啊？……对于蜘蛛的所有指控，蜜蜂就是我们这些古书聘来的辩护人，他认为适当的回答就是：若是根据现代派的产出判断他们的伟大天才或者发明创造，那么，几乎没有证据支持他们在任何一方面的夸耀。你尽可以用无尽的奇思妙想绘制蓝图,但如果材质只是从你的内脏(现代人脑袋里的东西)中排出的粪便,最终的大厦就是一张蜘蛛网,和其他蜘蛛网一样,之所以耐久无非还多亏被人们遗忘或忽视,或者由于隐匿在角落里。……我们古代派和那只蜜蜂一样,除了翅膀和歌喉,即我们的飞翔和语言,甘愿承认一无所有。而我们所获得的其他一切,都出自无尽的辛劳和寻觅,遍及大自然的每个角落;有所不同的是,我们更乐于用蜂蜜和蜂蜡而不是尘土和毒液去填满我们的蜂箱,进而用两个最高贵之物来造福人类:甜蜜和光亮。(页206)

伊索的言辞回应了蜘蛛所代表的现代文明的自豪:没错,蜘蛛有先进的数学和以此为基础的工艺,还有先进的方法,也能够动员起足够的劳力来打造出庞大的新型城市。问题在于,蜘蛛营构出来的东西在品质上肮脏,是坏东西甚至是"毒物"。高低山峰的比喻展示的是"古"与"今"的品位高低,但品位的高低还不能代替品质的好坏。毕竟,低的东西未必一定是品质坏的东西,高的东西也未必一定是品质好的东西。蜜蜂与蜘蛛的论战突显的是品质的好坏优劣。"哪一个生物更高贵"这样的问题不仅很好地回答了现代派的第二条理由——技术知识的进步,而且突显了古今之争的实质:衡量文明究竟看技术进步还是看德性品质。从今天的文明视野来看,伊索的言辞堪称对现代文明鞭辟入里的批判。

蜜蜂的比喻由来已久,最早见于柏拉图笔下的苏格拉底用来比喻诗人的灵魂从缪斯的花园采撷诗句(柏拉图,《伊翁》,

534a8 – b2),好些古罗马诗人也都用到这个比喻。① 普林尼（Pliny）说，因此，"蜘蛛也是蜜蜂最大的敌人"（aranei quoque vel maxime hostile [apibus]）。② 在十七世纪时，新派学人喜欢用"蜘蛛"来讽刺经院哲人的学问，培根在《学术的进展》中则用蜜蜂采集来比喻他的归纳法。坦普尔把蜜蜂与蜘蛛的比喻变成了攻击崇今派的利剑，他在与《论古今学问》一同发表的《论诗》一文中写到，为了吐出蜂蜜，蜜蜂得长途跋涉，飞过好些田野和花园，精心挑选自己喜欢的花朵，挑选的标准是花的繁茂程度和香味品质。这比喻的是古代诗人的品质和写作方式：通过区分、鉴别好坏美丑并选择好的、美的，生产出美好的蜂蜜。写作应该像蜜蜂一样为人的生活带来美好的东西，而不应该成为肮脏无益的蛛网罩住世人的生活。③ 在崇今派那里，技术知识的历史进步取代了对好坏美丑的区分和鉴别，所有东西都没有差别，由此导致的必然结果是催生出无数低劣写作。《论古今学问》在一开始时就说：

> 毕竟，三流文人（Scribbler）数不胜数，像蘑菇或苍蝇，在短短的时间周期里成群地生、成堆地死。而书籍有

---

① 古罗马诗人卢克莱修的《物性论》（*De rerum natura*，卷三，11 – 13）、贺拉斯的《颂歌集》（*Odes*，卷四，2.27 – 32）和塞涅卡的《道德书简》（*Moral Epistles*，84）都传承了这一意象，参见 Walsh 编本（前揭）相关注释。
② 普林尼，《自然史》（*Historia naturalis*, 11.21）。
③ 参见坦普尔，《论诗》，Spingarn 编本，前揭，页78。

如格言,要经历岁月的磨砺和认可才获得自己的主要价值。(前揭,页4)

由于自身品性低劣,这类作品难免要靠嘲笑古传德性才能为生,营构的只会是蜘蛛网,生活在蜘蛛网下的世人品性也会越来越坏。《论古今学问》以这样的言辞结尾:"奚落荣誉和美德以及学问和虔敬这类严肃、美好的东西"在英国已经成为时代的"风气"(climate),不仅大街小巷可见,还"厚颜无耻地走进国会",进入了"议会辩论"(debates of Council)——坦普尔希望,英国式民主政制的这种坏风气不要带坏别的其他国家(页42)。可以看到,斯威夫特在《书籍之战》中所写的寓言,不过是坦普尔的说法的扩展。

伏尔泰在"古人与今人"词条中专用一小节抨击坦普尔,称他为"时代的仇敌","他有渊博的知识,一种偏见却把他的长处全部给葬送了"。[1] 伏尔泰对坦普尔的抨击仅仅涉及"极力贬低"自然科学的晚近进展,并未涉及坦普尔的根本观点即人的德性品质问题——他在随后谈及布瓦洛和拉辛对佩罗的抨击时也说,"他们俩闭口不谈天文和物理"(同上,页102)。要么伏尔泰对人世生活的德性问题装聋作哑,要么他完全理解不了这样的问题。与伏尔泰不同,休谟直接迎战坦普尔对崇今派的指责,他的论说文集《论趣味的标准及其他论说文》(*Of the Standard of Taste, and Other Essays*,中译本名

---

[1] 参见伏尔泰,《哲学辞典》,前揭,页100-101。

为《人性的高贵与卑劣》),可以说是直接针对坦普尔的《论古今学问》《论诗》以及《对〈论古今学问〉的评论的若干思考》等文而发。整个来看,休谟的《论趣味的标准及其他论文》就是一部参与古今之争的论战之作,尽管其笔法温和而机敏,而且对古人不乏赞辞。① 由此可以再次证明,在启蒙运动期间,古今之争仍然没有停歇。

四 文艺复兴对古典知识的拒斥

《书籍之战》和《论雅典和罗马贵族与民众的竞争和争执》是斯威夫特接替坦普尔与崇今派继续论战的两篇战斗檄文,前者以模仿《伊索寓言》的形式攻击源于培根的新经验科学精神,后者以当时常见的论说文体抨击刚刚诞生的英格兰宪政。这两篇作品显然有内在关联,由此出现了一个问题:新的经验科学精神与英格兰宪政构想究竟是什么关系?固然,在培根那里,新科学构想已经包含新政治构想。② 培根绝不仅仅是如今所谓的自然科学家,他也是新的政治思想家。然而,在培根的时代,新经验科学才刚刚萌发,从业人士极少,尚未形成气候。在培

---

① 尤其参见休谟《人性的高贵与卑劣》(前揭)中"论艺术和科学的兴起和进步""论技艺的提高""论雄辩""鉴赏的标准"等长文。
② 参见魏因伯格,《科学、信仰与政治:〈学问的进步〉诠解》,张新樟译,北京:三联书店,2008;Lawrence Berns, *An Introduction to the Political Philosophy of Francis Bacon*, University of Chicago Press, 1957。

根那里，贬抑古人的冲动既可以说直接来自近代新科学，但也可以说，贬抑古人和古学是近代新科学和新政治构想的推动力。换言之，既然培根是公认的古今之争的始作俑者，而他实际上是文艺复兴人文主义的嗣子，那么，要搞清楚古今之争的真正源头，就必须重审文艺复兴。

按照文化史教科书所下的标准定义：文艺复兴首先指复兴了异教（即古希腊罗马）古代典籍，开启了回到基督教之前的古典视野——"人文主义者"的原初含义就是"古典主义者"。然而，从十七世纪末的这场古今之争来看，这个标准定义显然有问题。的确，文艺复兴的人文主义者把学习古希腊罗马经典视为教育的基础，他们确信，古希腊语和古典拉丁语作家在语法技艺、修辞术、历史认知和道德哲学方面都是今人的楷模。然而，并非所有文艺复兴时期的人文主义者都推崇古希腊罗马典籍。事实上，早在十四世纪末就出现了一种"全然改变的态度"，古典首次与现在全然割裂。① 一种新的政治感觉在促使某些人文主义者拒斥古希腊罗马典籍中的历史认知和道德哲学：出生于托斯卡纳的布拉乔利尼（Poggio Bracciolini，1380—1459）就是值得首先提到的代表人物。

布拉乔利尼早年主要在"文艺复兴"时期的人文主义重镇佛罗伦萨完成学业（也曾在博洛尼亚攻读民法），20岁出头

---

① 这一观点在文艺复兴研究的专业学界已经得到认可，参见斯金纳，《近代政治思想的基础》，奚瑞森、亚方译，上册，北京：商务印书馆，2002，页142。关于古今之争与文艺复兴的关系的研究文献，参见列维尼，*The Battle of the Books*，前揭，页4注3。

(1403年或1404年）就进罗马教廷担任文书，随后成为教皇国的政治家。在长达五十年的政治生涯中，布拉乔利尼曾作为教皇国使节被派驻英格兰（1418—1423）。西方教会大分裂时，布拉乔利尼为康斯坦茨大公会议奔走于法国和神圣罗马帝国，51岁那年（1431）升任教皇恩仁四世（Eugenius IV）的私人秘书。晚年回到佛罗伦萨，已经年过七旬的布拉乔利尼还担任了几年共和国秘书官（1453—1458）。虽然是僧侣政治家，布拉乔利尼也是个古典迷。30多岁时（1414—1418），布拉乔利尼借参加康斯坦茨大公会议造访今天位于瑞士、德国和法国的一些隐修院，收罗了不少古罗马作家的作品抄本，其中西塞罗的六篇演说辞和昆体良的《修辞术原理》全本最为著名——"据说他用了32天时间以美丽的字迹全部抄完了这部著作"，史称自一个世纪前彼特拉克等人寻找并发现诸多古典抄本以来最重要的发现。罗马城是古迹成堆的地方，布拉乔利尼在教廷任职期间经常探寻遗迹，50岁那年写下《罗马城遗迹考述》，"在他那个时代所留下的古迹比80年以后拉斐尔所看到的要多得多"。布拉乔利尼热爱古典拉丁语文，曾惋惜但丁用意大利语写那些伟大的诗篇。①

布拉乔利尼还留下了若干哲学作品（如《论人生的悲惨》《贵族论》）和政治著作（如《那不勒斯王国内贵族们反对斐

---

① 参见布克哈特，《意大利文艺复兴时期的文化》，何新译，北京：商务印书馆，1979，页174、181、185、248。

迪南一世的阴谋》），以及史书《佛罗伦萨史》和书信。① 布拉乔利尼既是古典迷也是疑古者：他既热爱古书，又并不信任古代作家的见识——寻找古书的热情与怀疑古书的见识在布拉乔利尼身上集为一体。在他看来，当今时代尽管可能很悲惨，仍然比古代优越——或者说今胜于昔。这一看法并非由于他那个时代的佛罗伦萨人文主义天才们有了什么伟大的新发现，而是由于他感受到非常切近的来自西亚蛮族的威胁：布拉乔利尼的整个一生都在目睹土耳其人重新向西推进，并在去世前六年（1453）看到土耳其人攻陷君士坦丁堡——事实上，土耳其帝国逐渐夺取了前罗马帝国的大部分领土。土耳其人对中欧和西欧的威胁，使得具有古典学养的布拉乔利尼非常敏感，因为，他从古希腊纪事作家的著作中已经看到，古希腊文明很早就面临西亚的威胁。对于布拉乔利尼来说，希罗多德的《原史》所记叙的古老的希波战争绝非仅是远古的故事：奥斯曼帝国的崛起，尤其帖木儿（Tamerlane 或 Taimur/ Timur, 1336—1405）的辉煌战绩，让布拉乔利尼想起当年的克瑟尔克瑟斯（Xerxes，旧译"薛西斯"）。在布拉乔利尼看来，就战事规模和指挥才能而言，帖木儿的战功超过了古希腊罗马的所有著名战役。他由此想到，古代史家的见识未必就是万世宝鉴。如果当今时代有比古代伟大得多的行动，为什么要崇拜古人的功绩，为什么今人应该看重古代作家的见识？难道今人不应该讲

---

① *Poggii Florentini Oratoris et Philosophi Opera*, Basel: 1538; *Poggii Florentini Historiae de varietate fortunae libri quatuor*, Paris: 1713。

述自己时代的故事,提炼新的政治经验?①

就看重当今的新政治经验而言,晚差不多一个世纪的马基雅维利(1469—1527)比布拉乔利尼不仅迈进了一大步,而且对后世产生了直接影响。在马基雅维利看来,布拉乔利尼"对于人们要名垂不朽的野心和欲望了解很少"(布克哈特,前揭书,页162-163)。马基雅维利学富五车,其著述表明他有丰厚的人文主义古典学养。然而,他的重要著述有一个共同特征:注重当代的实际政治经验,而非古代或死人的经验。在《君主论》著名的第十五章,马基雅维利说,他想要写的是从"事物实际的真实情况"出发有用的东西。这意味着古传经典是无用的东西,对当今现实政治没有指导作用。马基雅维利否弃的不仅仅是古传经典中的历史见识,而且否弃古传经典的道德-政治观念。我们知道,马基雅维利年仅29岁就被任命为佛罗伦萨共和国第二国务秘书,在任14年(1498—1512),曾作为外交官30次出使,还致力于创建国军(废黜雇佣军),积累了丰富的政治实践经验。共和国失败后,马基雅维利埋首故纸堆,阅读和写作十余年。《李维史论》表面上是一部古史评鉴,甚至堪称一部关于古典文学的著作。按照人文主义的态度,这种著作应该把古史中的经验当作古典范例来研习,马基雅

---

① 布拉乔利尼传记参见 William Shepherd, *The Life of Poggio Bracciolini*, 1837/2010年影印重版。关于布拉乔利尼的政治思想及其与帖木儿的关系,参见沃格林,《文艺复兴与宗教改革》,孔新峰译,上海:华东师范大学出版社,2016,页48-56;沃格林,《宗教与现代性的兴起》,霍伟岸译,上海:华东师范大学出版社,2009,页162-166。

维利却在书中通篇对古典范例明褒暗贬。如施特劳斯所说："《李维史论》一方面模仿古代，听命于古代作家的教导，另一方面则阐述全新的范式和秩序，实际上在与古典传统彻底决裂。"①

在马基雅维利笔下，已经频繁出现古今政治智识的对比——或者说已经挑起古今之争，因为这种对比的目的是摈弃古典传统中最具根本性的教诲。我们在《君主论》的献辞中可以看到，马基雅维利说，他要向现代君王推荐他自己"依靠对 cose moderne［现代大事］的长期经验"钻研 delle antiche［古代大事］得来的知识。言下之意，他要传授的并非是古代贤明的教诲，而是他自己研究现代大事的心得。这里明确出现了古与今的划分，或者说提出了现代与古代的对峙，其立足点是"现代大事"。《君主论》全书形式上显得老派，内容却很"现代"——各章标题用的是传统的学术语言（拉丁语），行文却是当时的意大利俗语，这种做法本身就不寻常。

在马基雅维利的时代，新自然科学的势头尚未显露，他的厚今薄古立场并非像十七世纪的现代派那样凭靠的是自然科学知识的进展，而是自己亲身的实际政治经验。在马基雅维利眼里，"最宝贵和最有价值的"东西不是古人的教诲，而是现代人的实际政治经验。这种经验的道德力量来自马基雅维利的这

---

① 参见施特劳斯，《马基雅维利与古典文学》，收录于施特劳斯《苏格拉底问题与现代性》［增订本］，前揭，页 473–488。

样一种心志：让自己的祖国成为自立自主的国家。马基雅维利相信，只有凭靠从当今的政治实践中获得新的知识，才能在国家事务的各种复杂斗争中获胜。

其实，掌握了政治实践方面如何获胜的经验知识，并不等于获得了关于人类政治生活方面的道德智慧。即便今人在政治实践方面的经历比古人丰富，不等于今人在这些方面的道德智慧比古人更高。但按马基雅维利的观点，正是由于今人在政治实践方面的经历比古人丰富，今人可以睥睨古人——至于古人的道德智慧，恰恰应该废除，因为它们对在当今的政治实践中取胜有害无益。

为了实现现实的政治目的，人文主义者们就必须废黜基督教的《圣经》和古希腊罗马经典的权威。按施特劳斯的研究，在意大利人文主义者中，马基雅维利在这个方面走得最远。① 直接继承这一精神并发扬光大的恰恰是培根。② 培根大谈"新工具""新科学"，正是要以此取代基督教的《圣经》和古希腊罗马经典的权威。马基雅维利本人清楚地意识到，自己的政治经验与《圣经》的政治教诲"明显相冲突"（apparent conflict），为

---

① 参见施特劳斯，《关于马基雅维利的思考》，申彤译，南京：译林出版社，2003，第四章。顺便值得指出，这本书是二十世纪研究古今之争的巅峰之作，其论析的思想深度前无古人。全书分为四章，其实是三个部分（针对《李维史论》三卷），中间两章为一个部分。古今问题一开始就出现了（参见第一章第3、6、9自然段），第四章占全书近半篇幅（按英文版计算，前三章约155页，第四章125页），透辟地分析了马基雅维利的抑古崇今论。

② 参见培根，《论古人的智慧》，刘小枫编，李春长译，北京：华夏出版社，2006。

了隐藏自己的反《圣经》立场,他采用了对《圣经》教诲三缄其口的笔法。论析到这里时,惜墨如金的施特劳斯引了培根《论说文集》第 13 篇中的一句话:

> 意大利的一位学者马基雅维利把自己的信心诉诸笔墨(had the confidence to put in writing),用几乎是浅显易懂的说法(in plain terms)指出,基督教信仰已然把善良的人们做成鱼肉,拿去饲喂那些暴君式的不义者。①

培根的这句话是他对《李维史论》卷二第 2 章中的一段话的归纳——"我们的信仰所推崇的,却是卑恭好思之徒,而不是实干家……这种生活方式让世界变得羸弱不堪,使其成为恶棍的盘中餐。"② 施特劳斯随之指出,培根提到的这句话可以说是马基雅维利对基督教"本质"的看法。施特劳斯引证了《李维史论》卷一第 1、11、12、14 诸章中的文字(第

---

① 见施特劳斯,《关于马基雅维利的思考》,前揭,页 269。培根引文依据《培根论说文集》,水天同译,北京:商务印书馆,1986,页 44(译文稍有改动)。
② 另一个中译本(《培根随笔集》,曹明伦译,北京:燕山出版社,2000,页 45)在这里下注说:培根断章取义,因为马基雅维利的原话出自《李维史论》,人家接下来的一句是"这种看法是错的"。的确,如果翻开《培根论说文集》第 13 篇我们就可以看到,培根在归纳马基雅维利的话后紧接着还有一句:"马基雅维利说这话,是因为真的从来没有一种法律、教派或学说曾如基督教那样尊重过善。"不过,曹明伦译本的这个注释很可能来自某个英文版的编者,因为他显然没有看出马基雅维利的暗度陈仓笔法。水天同的注释倒说到点子上:"培根在表面上未见其赞同马氏,然其见解自与流俗不同,对马氏之政治见解固未尝不有心折之处。"

12章明言说到基督教),并指出马基雅维利意在突显古罗马共和国与基督教共和国作为两个理想政制的对立(也就是《李维史论》卷一与卷二的对立)。马基雅维利突显这个对立,为的是要用李维的《罗马史》取代《圣经》,然后再以现代的政治经验取代李维的《罗马史》。① 施特劳斯的这段论析让我们看到,培根对马基雅维利的"信心"何其心领神会。不仅如此,培根与马基雅维利的差别在于:他不再像马基雅维利那样遮遮掩掩贬抑古传经典,而是更为大胆直白。

比培根仅早半个世纪出生的路易·勒华(Louis Le Roy,1510—1577)是更近的例子,他是文艺复兴时期的法国人文主义代表,生前位及法兰西公学院教授。② 勒华曾周游欧洲各地,博学多才,精通古希腊文和拉丁文,翻译了大量古希腊经典(柏拉图、伊索克拉底、亚里士多德、德摩斯忒涅),被公认为法兰西王国当时最出色的古典学者,有"法语柏拉图"的美誉——直到今天,勒华的译作依然受到学界推崇。他还依据时人的关注,把不同古代作者的篇目重新编排成专题文集。不过,勒华晚年也身逢乱世——虽然路易十一已经成功将法兰西打造成一个高效的绝对王权国家,以至于马基雅维利也指望有朝一日意大利能出现一位这样的君主,收拾四分五裂的意大利封建状况,但是,路德事件引发的宗教改革风潮又让法国陷

---

① 参见施特劳斯,《关于马基雅维利的思考》,第三章,页208以下的分析。
② Werner L. Gundersheimer, *Life and Works of Louis Le Roy*, Librairie Droz, 1966。伯瑞把勒华视为引发古今之争的重要先驱,参见《进步的观念》,前揭,页32–35;亦参沃格林,《宗教与现代性的兴起》,前揭,页168–176。

入内乱。勒华有感于时局变故，写下了一系列政治论著，① 最著名的是《论变迁，或世间万物之千变万化》(*De la vicissitude, ou Variété des choses en l'univers*, 1575)。这部作品内容包罗万象，尤其追溯了文学和武器从古至今的变迁，正是在这部著作中，勒华表达了马基雅维利式的厚今薄古论——与马基雅维利一样，勒华主要用母语写作，为法语文学做出了奠基性贡献。

勒华的政治思考不仅因应于法兰西君主国重新陷入无序状态，与马基雅维利的君主论视野仅限于意大利的地缘政治状况不同，勒华的君主论具有更为广阔的地缘政治视野。与布拉乔利尼一样，具有古典学养的勒华清楚地知道，十三世纪蒙古人入侵时，奥斯曼帝国就曾威胁过欧洲，如今已经同时征服巴尔干半岛和匈牙利，对西欧的威胁再次迫近。正是由于法兰西王国的动乱和来自土耳其人的威胁，勒华产生了严重的忧患意识：

> 我已经在自己的心中看到长相、肤色、服装都很陌生的民族蜂拥来到欧洲，就像从前的哥特人、匈奴人、伦巴族人、汪达尔人和撒拉逊人那样，他们将会摧毁我们的小镇、城市、城堡、宫殿和庙宇，改变我们的风俗、法律、语言和宗教，焚烧我们的图书馆，在他们所占领的国家中损毁一切他们发

---

① 如《思考法兰西历史与当代的普遍性》(*Considérations sur l'histoire de France et universelle de ce temps*, 1562)、《论政治技艺的起源和卓越》(*De l'origine et excellence de l'art politique*, 1567)、《论君主制》(*Traité de la monarchie*, 1570)、《论君主政制的卓越》(*De l'excellence du gouvernement royal*, 1576)、《论宗教多样化在人群中引发的动乱或纠纷》(*Des troubles ou différends advenant entre les hommes pour la diversité des religions*, 1599)。

现的美好的事物,以便毁灭其荣耀和德性。我预见到对内对外战争无处不在;各种宗派及异端抬头,亵渎一切他们发现具有神性和人性的事物;饥荒和瘟疫威胁着人类;自然的秩序、天体运动的规律性以及自然环境的和谐被破坏了;一方面洪水来临,另一方面又有酷热难耐和剧烈的地震;宇宙将通过这样那样的无序,带来万物的混乱,并使它们全都回归原始的混沌状态而走向终点。(《论变迁》)①

另一方面,那个时代的文艺复兴运动对勒华震动极大。他看到,在过去的一百年间,西欧人发现了好些甚至古人也不知道的东西:新的海洋、国家、种族、习俗、法律、矿物、蔬菜、动物、天体——这使得勒华觉得,古代圣贤的知识也有限。于是,在勒华那里,文明进步的乐观主义与由西亚蛮族威胁引发的悲观主义奇妙地交织在一起。帖木儿的出现让勒华更加相信一条历史规律:任何伟大时代的到来都以一场伟大的战争为开端。一个文明的繁荣必须以一场战争为前奏:希波战争之于雅典,亚历山大的征战之于希腊化帝国,恺撒的征战之于罗马帝国。勒华觉得,帖木儿在1400年前后的战绩标志着一个新纪元的开始:正是在帖木儿统治期间,彼特拉克开启了从前封闭的图书馆,拂去蒙在古代作家书籍上的灰尘。勒华开始尝试用非基督教的范畴来描述各个历史时代,重新划分文明时期,现代观念由此诞生。

---

① 转引自沃格林,《宗教与现代性的兴起》,前揭,页168–169。

按沃格林的看法，勒华的史观标志着基督教的历史理解模式的解体：各种发现、发明和知识的推进以及欧洲舞台之外发生的政治事件，成为"现代意识"的基础。尽管勒华用来取代基督教历史神学观念的思想资源是古希腊自然哲人的自然"变迁兴衰"论，比尼采早三百年用永恒循环（eternal recurrence）观念代替基督教式的神意史观，却为后来的激进崇今派提供了基础：新的自然科学观一旦取代古希腊的自然观，对人类历史的解释就得全然凭靠新的自然科学观。①

表面上看，勒华用来取代基督教历史神学观念的思想资源是古希腊自然哲人的自然"变迁兴衰"论，实际上，他的新历史观的感觉来自帖木儿的战争——倘若如此，我们就很难断言欧洲现代文明的奠基凭靠的是古希腊罗马的理念。勒华的例子让我们可以更好地理解与古今之争密切相关的两个文艺复兴时期才开始出现的西欧近代文明现象：俗语写作和史书写作。所谓俗语写作，就是用本国口语（英语、法语、意大利语、德语）写作——坦普尔在《论古今学问》中曾说，

> 三种现代语言最受人看重：意大利语、西班牙语和法语，这些都是高贵的罗马人的方言，都有缺陷。起初，众多不同的野蛮民族长期侵扰罗马帝国时，他们刺耳的词语和后缀进入这些方言，使它们不再纯正；后来，经过大众

---

① 勒华的《论变迁》以柏拉图《蒂迈欧》中的自然哲学为基础，培根的论说文第 58 篇"论事物的变迁"（Of Vicissitude of Things，参见《培根论说文集》，水天同译本，前揭，页 200–206）同样如此，很可能来自阅读勒华《论变迁》的心得。

长期使用，这些来自拉丁废墟上的方言成了几种不同的语言，也成了那些长期统治这些地区的野蛮民族（如西班牙的哥特人和摩尔人、意大利的哥特人和伦巴底人以及高卢的法兰克人）的主流语言。除此之外，还有高卢和西班牙土著语的混合语，这些土著语在罗马征服当地、建立起政权之前都已经存在。（前揭，页33 – 34）

西欧的基督教共同体的普通语文是拉丁语，用俗语写作的人越来越多，意味着共同体中各王国的独立政治冲动越来越强。布克哈特认为，十六世纪初期的佛罗伦萨史家用意大利语写作，并不仅仅因为他们的拉丁语写作不能与语文学家们优美的西塞罗风格争短长，"而且也因为他们像马基雅维利那样，只能用活的语言来记载自己直接观察所得的现实的结果，……也因为他们最终希望：他们对于事件的进程的看法能够产生一种尽可能广泛而深远的实际影响。"① 基督教文明以古希腊罗马文明为基础，虽然古希腊罗马文明被西方基督教官方判为"异教"，西方基督教的教养实际上以古希腊罗马经籍为基础。俗语作家要求获得自己的政治位置，必然要求废黜古希腊罗马经典的权威，否则俗语写作就永远只能是模仿者——更何况，俗语写作要写的是今人自己的现代故事。抬高"现代［俗语］作家"的地位，无异于抬高新生

---

① 参见布克哈特，《意大利文艺复兴时期的文化》，前揭，页244。

的日耳曼诸王国自身的地位。① 在十六世纪末期，意大利已经出现废黜古人楷模的呼声——所谓的"反西塞罗主义"。由于意大利尚未形成统一的政治单位，这种废黜古人楷模的势头并不强劲。与此不同，法兰西王国是统一的政治单位，俗语（法语）写作取得的成就会得到绝对王权的支持或者说支持绝对王权的巩固。② 从质疑西塞罗的权威到质疑荷马的权威，这是顺理成章的事情——质疑古希腊罗马的经典作家，说到底就是要为日耳曼各王国的作家重写自己的历史开辟道路。荷马堪称古人楷模中的"第一人"，现代派要废黜古人的权威，就必须打倒荷马——巴黎的古今之争围绕荷马激烈论战，不过是文艺复兴末期就已经出现的废黜古典权威的逻辑结果。

与俗语写作同样说明这一问题的是史书写作——日耳曼各王国的作家撰写自己王国的历史恰恰始于文艺复兴时期。③ 由此开始出现现代意义上的"史家"，在古今之争中，这些史家的著作成为崇今派的重要力量。在《书籍之战》中，斯威夫特罗列了一批最早撰写日耳曼各王国史和城邦共和国史的"史学家"，称他们为现代派的"重甲兵部队的主力"：从著有《意大利史》

---

① 参见彼得曼，《马基雅维利与但丁》（贺志刚译），见刘小枫/陈少明编，《马基雅维利的喜剧》，北京：华夏出版社，2006。关于西方近代的俗语写作与现代新政制的关系，参见戈斯曼，"文学教育与民主政制"，见刘小枫编，《古希腊修辞学与民主政制》，冯庆、朱琦等译，上海：华东师范大学出版社，2015，页199-233。

② 关于法兰西的俗语写作，参见伏尔泰，《路易十四时代》，前揭，第32章。

③ 参见 Orest Ranum 编，*National Consciousness, History, and Political Culture in Early - Modern Europe*, The Johns Hopkins Uni. Press, 1974; Joseph M. Levine, *Humanism and History*, Ithaca, 1987。

（*Historia d'Italia*）的圭恰迪尼（Francesco Guicciardini, 1483—1540）、著有《英国史》（*Anglicae historiae*）的弗吉尔（Polydore Virgil, 1470—1555）、著有《苏格兰编年史》（*Rerum Soticarum Historia*）的布坎南（George Buchanan, 1506—1582），到著有《法国内战史》（*Historia delle Guerre Civili di Francia*）的达维拉（Enrico Caterino Davila, 1576—1631）。自此以后，撰写日耳曼各王国史的史书层出不穷，而且在古今之争的历史时期开始形成写作法则——与此相配的是对古希腊罗马史书的"证伪"。

笛卡尔在提出科学理性原则的同时，并没有否弃现实的历史经验。出于怀疑希腊人在数学和机械论方面是否比今人更在行，笛卡尔主张区分两种知识：凭靠数学理性认知获得的科学知识和源于熟识（connaissance）的偶然知识。在他看来，后一种知识只能通过语言和历史经历来获得。显然，今人不可能靠古希腊罗马的语言和历史经历来获得关于当今欧洲王国的偶然知识。因此，对于一个有良好教养的现代欧洲人来讲，掌握法语或大不列颠语显然比掌握古希腊语或拉丁语更重要，知道欧洲如今哪怕最小的王国的历史经历也比知道古罗马帝国的历史经历更有优先性。笛卡尔的这一主张无异于切断了古典语文学与教养的关系，明确排除古典作家在教化方面的权威地位，由此引出了改革人文主义文教科目的诉求：人文主义式教育只会把欧洲人培育成一个古代人，基于数学理性的新式教育才会把欧洲人培育成现代人——在笛卡尔看来，一个生活在现代的古人必然是迂腐之人。

可以看到，文艺复兴时期的人文主义者厚今薄古的真正含义在于：凭靠新的政治经验知识建立新的政治原则。文艺复兴时期西欧各日耳曼王国和城市共和国作为新政治单位的形成，各国智识人力图寻求新的政治生存法则，是抑古崇今风气的真正起因，或者说是引发古今之争的生存论原因。① 剑桥学派的代表斯金纳在描述意大利文艺复兴时期的人文主义时，始终与城市共和国的"自由"诉求联系在一起。这一"自由"诉求的具体含义首先指的并非是"个体"的自由，而是政治共同体（无论城市共和国还是王国）不受罗马教皇国支配的独立自主的自由："既指独立也指自治——不仅是在任何积极参加国家治理这个意义上，而且是在不受外界干涉这个意义上的自由。"② 可以说，崇今论标志着新欧洲诞生时欧洲新知识人力图摆脱欧洲文明传统的决心——文艺复兴时期的人文主义在延续欧洲古老的文明传统的同时，也在与之决裂，以便打造日耳曼的新欧洲文明。

十七世纪的古今之争中的崇今派文人有一个重要的特征：以辛辣的讽刺笔法嘲笑古传德性——这一写作风格在十八世纪的启蒙文人那里得到发扬光大。然而，这一风气同样来自意大利文艺复兴的人文主义者。据布克哈特的著名研究，意大利人文主义者喜欢嘲讽，以至于"意大利已经成了一所诽谤中伤的学校"，使人有了"最充分和最自由的表现机会"，这样的

---

① 甚至有史家认为，西方近代划分古今的源头，可以溯源到查理曼大帝时代。参见勒高夫，"古代/现代"，见氏著，《历史与记忆》，前揭，页31。
② 斯金纳，《近代政治思想的基础》，前揭，页130。

学校在世界上绝无仅有:

> 当时的一般文化曾经同时培养出一伙恶毒又无能的机智嘲讽者,生来就是批评家和奚落人的人,他们的妒忌要求有成百嘲讽对象。……马基雅维利在他的《曼陀罗》的著名序言中正确地或错误地提到,道德力量显而易见地堕落成为一般说坏话的习惯,并威胁他的诽谤者,告诉他们说,他[马基雅维利]能够像他们一样地说出尖刻的语言来。①

这种风气也带坏了天主教教士,以至于当时的教廷成了"最刻薄最机智的嘲讽者荟萃之地"——那些"悠闲放荡的教士们"使得"罗马变成了既是富有哲学意味的讽刺的故乡,又是野蛮的嘲笑的策源地"。在布克哈特提到的被带坏的人文主义者中就有布拉乔利尼。他虽然是教廷文书,也是善于写作讽刺之作的新派文人,其代表作是《滑稽故事》。布克哈特甚至认为,布拉乔利尼是个"否认高贵出身的权利和人的不平等的激进思想家",单是在他的作品里"就含有足以使人们对全体人文主义者抱有成见的脏东西"——布克哈特还把这类人文主义者与启蒙文人伏尔泰相提并论:"伏尔泰和他的同伴们无疑并不缺少这种否定精神。"②

在无论西方还是我国的西方文明史教科书中,我们看到的

---

① 布克哈特,《意大利文艺复兴时期的文化》,前揭,页157。
② 布克哈特,《意大利文艺复兴时期的文化》,前揭,页157-158、270、359、455-456、512。

几乎无不是对"文艺复兴"文化和精神的赞美。前述考察不仅让我们看到十七世纪的古今之争与文艺复兴的内在关联,而且让我们看到,即便涉及对"文艺复兴"的道德品质的评价,西方学者也存在持续论争。毕竟,布克哈特是十九世纪的史学泰斗,如果将他的研究与晚近斯金纳对佛罗伦萨人文主义者寻求"自由"的描述对比,我们不仅可以看到现代史家的德性差异,还可以看到,古今之争直到现在仍然没有平息。

五　新哲人与新政制

坦普尔眼力敏锐,他看到崇今派的内在冲动是欧洲诸王国的崛起,但他认为这种崛起不应该摈弃古典传统和古典德性。他在《论古今学问》中说,西欧的日耳曼诸王国仅仅在近两百年才开始出现自己的学问,与古希腊罗马学问相比——更不用说与东方其他古老文明国度的学问相比——只能算是学问上的幼儿:

> 在过去的一个半世纪里,欧洲西部地区在学问和知识上取得了巨大进步,但这并不意味着,它们一定超过了过去那些在学问和知识上繁荣时间更长的国家;这只能证明,我们过去的水平有多低,而不能证明现在的水平有多高。(前揭,页22)

从当时的语境来看,"繁荣时间更长的国家"这样的说法意味着，就政治制度的优劣而言，欧洲西部地区在自然科学知识方面取得的"巨大进步"未必等于英格兰新政制的"水平有多高"。当时的英国国会通过法案确立了君主立宪制——按孟德斯鸠的说法，这是披着君主制外衣的民主政制。对于坦普尔来说，英国的现代政制创新未必是"巨大进步"，民主政制相比于传统政制未必"水平有多高"。坦普尔在作比较时把我们中国也扯进了论争：

> 古代中国人就自然哲学写了大量著作；他们伟大而知名的孔子与苏格拉底差不多同时代，与苏格拉底一样，他开始改变人们对自然无休止、无意义的思考，让他们转到道德思考上来。然而，他们有一点不同，希腊人的重点似乎在个人和家庭的幸福，中国人则重视王国或统治的良好状态和幸福，众所周知，这种统治已延续了数千年，完全可以称之为学士的统治（a government of learned men），因为其他人无权管理国家。（前揭，页 13）①

与此相反，崇拜英国新政的崇今派必然会贬低中国的古代政制。1748 年，崇英的孟德斯鸠在日内瓦出版了他一生中最重要、影响也最大的著作《论法的精神》（*De l'esprit des lois*）——伯瑞称之为"启蒙时代"的真正标志。② 为了推崇商业式民主政体，孟德斯鸠必须从理论上打倒君主制，其策略

---

① 亦参坦普尔，《对〈论古今学问〉的评论的若干思考》，见《文集》，卷三，前揭，页 498–499。

② 伯瑞，《进步的观念》，前揭，页 83。

是把君主制暗中等同于专制，这使得他与自由主义政治理论的重要奠基人霍布斯区别开来。由于君主政体也有"固定的已然确立的法律"，共和政体与君主政体的根本区别就并非在于有无法律秩序，而在于有无政治德性。因此，阐明民主式共和政体的德性就成了《论法的精神》的首要任务（第二至第十章）。《论法的精神》的一大历史功绩是，成功地使得"专制政体"成为后世政治斗争中的一个被用来任意打击政敌的有效标签。在比较共和政制、君主政制和专制政制三大政制类型时，孟德斯鸠专门以古老的"中华帝国"作为专制政制的样板，一反当时的传教士和智识人把中华帝国视为君主政制的典范和对中国古代政制的赞美：

> 中国是一个以畏惧为原则的专制国家。在最初那些王朝统治时期，疆域没有现在这样辽阔，专制精神可能略微逊色。可是，如今已非昔日可比了。①

据说，伏尔泰虽然是启蒙文人，但他对古代中国的态度显得较为肯定。其实，在涉及古今之争时，伏尔泰仍然立场鲜明地贬低古代中国：

> 中国人在我们通俗纪元前两百多年就修筑了万里长城，这道城墙却也没有挡住鞑靼人的入侵。……万里长城是一座

---

① 孟德斯鸠，《论法的精神》，许明龙译，北京：商务印书馆，2011，页152。

由恐惧和不安而产生的巨大建筑；[埃及的]金字塔是一些虚荣和迷信的遗迹。长城和金字塔都证明人民的巨大耐心，却并不说明任何高等的建筑艺术。无论是中国人也好，埃及人也好，都不会塑成一件像现今我们的雕塑家所塑造的人像。①

苏格兰启蒙哲人休谟在说到中国时，即便言辞温和而且据说思想还有些保守，但同样立场鲜明：

> 在中国，似乎有不少可观的文化礼仪和学术成就，在许多世纪漫长的历史发展过程中，我们本应期待它们能成熟到比它们已经达到的要更完美和完备的地步。但是，中国是一个幅员广大的帝国，使用同一种语言，用一种法律治理，用同一种方式交流感情。任何导师，像孔夫子那样的先生，他们的威望和教诲很容易从这个帝国的某一角落传播到全国各地。没有人敢于抵制流行看法的洪流，后辈也没有足够的勇气敢对祖宗制定、世代相传、大家公认的成规提出异议。这似乎是一个非常自然的理由，能说明为什么在这个巨大帝国里，科学的进步如此缓慢。②

与伏尔泰和孟德斯鸠式的品评相比，休谟的言辞的确显得

---

① 伏尔泰，《哲学辞典》，前揭，页100。伏尔泰关于古代中国的说法，参见《哲学辞典》中的词条"中国教理问答"和"论中国"。
② 休谟，《人性的高贵与卑劣》，前揭，页47。在该页脚注中，休谟还有一大段关于中国的君主政制的言辞，看似温和，实则尖刻。

温和，但思想绝对说不上保守。在我国当今的好些知识人笔下，仍然时可见到对古代中国的伏尔泰式、孟德斯鸠式或休谟式的品评——这仅仅表明，古今之争在我们这里还没有真正展开而已。

作为坦普尔的学生，斯威夫特清楚地意识到，眼下的古今论战涉及的根本问题是古今政制之争。在《木桶的故事》的"序言"中，斯威夫特把霍布斯称为"我们时代具有威胁性的才子"——第九节的标题"关于共富国中疯狂的起源、用途及其改进的离题话"（A Digression Concerning the Original, the Use and Improvement of Madness in a Commonwealth），据说针对的就是霍布斯《利维坦》的书名。① 《木桶的故事》问世20多年以后，斯威夫特又发表了篇幅更大、寓意更为深远的《格列佛游记》（1726）。② 这部传世的经典之作是斯威夫特对古今之争所作的更为透彻的思考，堪称古今之争时期最为深刻的政治哲学著作——对今天的我们来说，它则是最令我们尴尬的"世界文学名著"之一。

我国教育部如今已把这部作品列入普通高中语文课程标准"义务教育部分"推荐书目，印数相当可观。由于这部"世界文

---

① 参 Jonathan Swift, *A Tale of a Tub and Other Works*, Marcus Walsh 编，前揭，页427。

② 斯威夫特的《格列佛游记》最早有林纾译本（《海外轩渠录》），现通行多个译本：张健译本（人民文学出版社，1962/1979/2008/2014）最早，随后有杨昊成译本（译林出版社，1995/2008），孙予译本（上海译文出版社，2011），刘春芳译本（人民文学出版社，2014）。新译本在注释方面没有任何增进，台湾学者单德兴的译本注释颇详（台北：联经出版公司，2004）。权威的英文笺注本为剑桥版斯威夫特全集中的 David Womersley 笺注本（Cambridge University Press, 2013）。本文所引均出自张健译本2014年版。

学名著"采用的是寓言文体,要概述这部作品的思想内涵相当难。① 一方面,寓言式的叙述使得这部作品据说看起来像是"深得孩子们喜爱的儿童读物";另一方面,书中大量涉及的政治、宗教、哲学、历史知识,显然又不是"儿童"们感兴趣的东西。事实上,就内容而言,《格列佛游记》与比它晚出22年的孟德斯鸠的《论法的精神》属于同类性质,两者都是政制比较之书。差异在于,《论法的精神》推崇现代民主政制,《格列佛游记》推崇古代君主政制。② 不妨说,这两部书是崇今派智识人所推崇的现代民主政制与崇古派所推崇的古代君主政制的品质对决。

格列佛是英格兰人,按书中所记叙的出海时间推算,他应该出生在"共和革命"之后、"光荣革命"之前,上过剑桥大学。《格列佛游记》以第一人称形式分四卷记叙了格列佛作为

---

① 据笔者所见,最为精当的概述见布鲁姆,《巨人与侏儒》,张辉选编,秦露等译,北京:华夏出版社,2009,页418-438。
② 《论法的精神》显得杂乱无章,全书31章,下分很多节,似乎缺乏条理,好些地方还让读者觉得晦涩或语焉不详。启蒙运动旗手达朗贝尔则说,作者心目中的理想读者不会这样觉得,因为,有意为之的晦涩并非真正的晦涩——通过显得凌乱和晦涩这类"无辜的诡计"(innocent artifice),孟德斯鸠向当局隐藏起他要讲给有心人听的政制道理,即崇商的自由民主共和政制何以是最佳政制。孟德斯鸠写作《论法的精神》"花费了二十年心血",当时,自由民主的政治观念尚未成为占支配地位的意识形态,孟德斯鸠面临的最大挑战因此是:如何论证古代尚德的君主政体和贵族制共和政体反倒不如尚商的自由民主政体。由于孟德斯鸠身处君主制时代,他在书中不敢明目张胆攻击君主政体——如潘戈所说,《论法的精神》最大的矛盾是:既要高扬尚商的英格兰自由民主政体,又必须装得来拥护尚德的古代共和政体。因此,《论法的精神》的论证不仅必须展开广泛的古今政制比较,而且不像当今的自由主义政治哲学论著那样具有独断论色彩,应用隐微和显白说辞的技巧十分高超。参见潘戈,《孟德斯鸠的自由主义政治哲学》,胡兴建、郑凡译,北京:华夏出版社,2015。

外科医生四次出海远行的奇遇。显然，格列佛作为英格兰现代知识人的身份是整个作品的支点，在他身后是被伏尔泰和孟德斯鸠视为人类理想政制的样本：英国式的自由民主政制。

格列佛第一次出海远航流落的地方是一个名叫 Lilliputia〔利立浦特〕的"小人国"，因为那里的人渺小委琐，政制的品格也渺小委琐。无论是十八世纪的读者还是今天的读者都能看出，这个"小人国"就是"光荣革命"之后的英国。如今我们所追慕的两党政制，在格列佛眼里不过是高跟鞋党与低跟鞋党之间委琐的争权夺利，各自都得靠扫街拜票获得自己的政治生命。在这种政制中，商业利益是唯一的政治动机，政治生活成了人的自然欲望的玩物。这种新式政制来自基督教分裂导致的国家内战：为了摆脱宗教内战，英格兰最聪明的智识人（斯威夫特指的是霍布斯和洛克）设想出一种以实现个人自由而非以实现美德为取向的政治制度，其目的是为了保存自然性命及其私有财产。① 斯威夫特用"小人国"来指代英国的君主

---

① 应该提到斯威夫特的同时代人笛福——在孟德斯鸠之前，商人出生的英国作家、政治活动家、著名报人笛福就已经把商人利益与自由民主政体联系在一起。笛福一生留下的文字作品中，有不少是在谈论商业的好处及其发展商业所需要的政体。他在38岁那年（1698）发表的小册子《计划论》中说，商人是所有行当中最有用、最有知识、最能干的人——"商人就是我们的君王"。笛福比洛克更为直白、也更为通俗易懂地表达了自由民主宪政的品质，他在报纸上写文章宣称，只要合法地赚钱，谁都有权利安享属于自己赚来的财富——"这就是我们所说的法律、自由、财产权，以及现代常用的类似名词的基础；这就是议会、宪法、政府和服从的目的；这就是世界秩序的真正基础，但愿维持它永远是我们的权利……"转引自《笛福文选》，徐式谷译，北京：商务印书馆，1960，中译本序言，页13。

立宪式代议制民主政制，十分切合现代自由主义政制观念的品质——灵魂的渺小委琐。当然，在一个比如说伏尔泰这样的崇今派眼里，情形并非如此。1733 年，伏尔泰流亡英国期间（1726—1728）动笔写的《关于英格兰民族的书简》（*Letters Concerning the English Nation*）在伦敦出版。① 此书仅比《格列佛游记》晚 6 年，由于伏尔泰是个崇今派人物（或者说由于他的灵魂类型），他对英国新政的见解与格列佛有天壤之别。

在第二卷里，格列佛记叙的出海流落地是一个名叫 Brobdingnagia［布罗丁奈格］的"大人国"，那里的人不仅身材高大，而且心性高尚、淳朴。这是一个尚未经历现代革命的古老的君主制王国，"属地之内没有宗教纷争或者战火连绵的历史。他们唯一的政治难题是古老而自然的君主、贵族与民人的冲突，这也已经在很早之前就通过建立一个均衡的政制解决掉了"。② 显然，格列佛笔下的"小人国"与"大人国"形成的对比，是现代民主政制与古代君主政制的对比。

奇怪的是，格列佛在"小人国"时是个高大的人，他看不惯"小人国"的方方面面，"小人国"中的人也看不惯他，甚至他的家人和朋友们也会认为他的行为举止莫名其妙。与此

---

① 法文版《关于英国的哲学书简》（*Lettres philosophiques sur les Anglais*）1734 年在里昂秘密出版后，巴黎高等法院随即提起公诉，谴责该书严重违背基督教教义、损害公共秩序，下令逮捕出版商和作者。这部书的中译本名为《哲学通信》（高达观等译，上海人民出版社，1961/1982），让人误以为谈的是哲学。其实，这是一部宣扬英国清教革命、抨击法国绝对王权政制的政治著作，史称"投向旧制度的第一颗炸弹"。

② 布鲁姆，《巨人与侏儒》，前揭，页426。

相反，格列佛在"大人国"则是"小人国"的代表，"大人国"的国王把格列佛放在手掌心上与他谈话，问他是属于代表商人和金融贵族以及其他新生资产者上层的辉格党，还是属于代表大地主和门阀贵族利益的托利党。格列佛在书中的这种角色变换，与其说是同一个人在不同国度的身份不同，不如说表征的是同一个国家中知识人的分裂。如《书籍之战》在一开始所说，如今，一个"智识国家"的读书人分裂成了崇今派和崇古派——格列佛表征英国知识人，但英国知识人已经分裂为崇今和崇古的两派。于是我们看到，来到"小人国"的格列佛通过描述利立浦特的古代政制向新的君主表明，古代的利立浦特并非"小人国"。这个国家变得渺小委琐，是"光荣革命"的结果（卷一第6章）。① 显然，这个格列佛是英国知识人中的崇古派。与此相应，我们在卷二看到，格列佛向"大人国"的国王介绍自由民主新政（同样是在第6章）。听完格列佛叙说英格兰晚近一个世纪走向民主政制的大事记后，"大人国"的国王对格列佛说了一段话——这段话一再被人引用：

> 这些大事只不过是一大堆阴谋、叛乱、暗杀、屠戮、革命或流放。这都是贪婪、党争、伪善、无信、残暴、愤怒、疯狂、怨恨、嫉妒、淫欲、阴险和野心所能产生的最大恶果。（前揭，页102）

---

① 布鲁姆的概述对这一章给予了特别的关注，参见同上，页427–429。

对于英国走向商化民主政制，"大人国"的国王得出的是这样的结论：

> 你的同胞中，大多数人都是大自然让它们在地面上爬行的最可憎的害虫中最有害的一类。（同上）

"大人国"的国王拒绝了"爱自己的国家"（love of his country）的格列佛提出的有利于"大人国"民主化的建议（卷二第7章），理由很简单："爱自己的国家"的含义是"爱"商业式的自由民主政制，不爱这种政制等于不爱国。①如果接受这个格列佛的建议，有传统德性的"大人国"必然会跟着英国宪政变成唯利是图的"小人国"。让今天的我们感到惊讶的是，这个格列佛已经描述了如今我们称之为导弹甚至原子弹一类的新式武器，以此证明英格兰的新政制何等先进（页104）。但是，这个格列佛清楚地知道，他所代表的新国家与"大人国"的差异最终在于"好品德与坏品德的观念"

---

① 崇商的自由民主共和政体何以可能具有"德性"，对心仪这种政体的孟德斯鸠来说是一个棘手的政治哲学难题——《论法的精神》力图论证，自由民主共和政体的德性是所有人共同具有的爱：爱共和国（l'amour de la république）和爱平等（l'amour de l'égalité）。由于这里的"共和国"明确指的是自由民主共和政体，所谓人人共同具有的爱也是政治平等的标志——或者说，政治平等首先体现为热爱自由民主的政制。如果说古希腊的贵族政体追求的政治德性是正义、智慧、节制，那么，孟德斯鸠的论证就无异于要求用爱自由民主和爱平等取代正义、智慧、节制。因此，毫不奇怪，如今人们在世上可以看到一些知识人非常爱自由民主和爱平等，却恰恰缺乏正义、智慧和节制。显而易见的是，一个人爱自由民主和爱平等，不等于他有正义、智慧、节制的德性。

(notions of virtue and vice)。他认为,"大人国"的国王闭关自守,满脑子偏见和狭隘的想法,"而这种想法在我国以及欧洲的文明国家却根本不可能产生",因此他说:

> 如果把住在这样遥远的地方的一位君王的好品德与坏品德的观念当作全人类的标准(a standard for all mankind),当然很难令人接受。(同上,页103,译文略有改动)

对我们中国读者来说,斯威夫特笔下的"大人国"很像我们的古代,因为,卷二中的格列佛针对"大人国"说的那些话,与我们如今的一些知识人对自己的国家说的话一模一样。而且,他们也像这个格列佛向"大人国"讲述英格兰近代大事记那样,通过翻译更为详备的英国史向自己的国家推荐英国模式。在把民主视为"普世价值"的今天,《格列佛游记》的确不能算作一部反动书。毕竟,卷二中的格列佛提出了新的"全人类的标准"或者说新的"普世价值":一个人相信自由和民主等于有好品德,不相信这种价值就等于有坏品德。

如果说《书籍之战》突显的是读书人的灵魂品质的优劣,那么,《格列佛游记》突显的就是政治制度的品质优劣——如布鲁姆所说,在斯威夫特看来,古代政制具有"对秩序的远见"(《巨人与侏儒》,前揭,页424)。按柏拉图笔下的苏格拉底在《斐德若》中的说法,灵魂品质的优劣就像大人比小孩高(《斐德若》297a6-7）。因此，"小人国"与"大人国"的对比，首先是灵魂品质优劣的对比。何况，读书人个体灵魂的品质与国家政制的品质是联系在一起的，如柏拉图笔下的苏格拉底在《王制》（又译《理想国》）中所说，有多少种类型的灵魂就有多少种类型的政制。苏格拉底区分了五种灵魂类型，与此相应也就区分了五种政制（参见《王制》445c9-d6）。"王制"或"贤良政制"（又译"贵族政制"）最好，民主政制接近最坏的政制。即便不能说《格列佛游记》是柏拉图《王制》的仿作，也得说斯威夫特延续了《王制》中的问题。与此相反，无论是伏尔泰的《关于英格兰民族的书简》还是孟德斯鸠的《论法的精神》，都抛弃了《王制》中的灵魂品质问题。

格列佛记叙的第三次出海（卷三）发生在1706年，这次他到的地方不止一个，而是五个。首先到的是一个叫作 Laputa [拉普塔] 的岛屿，由于这个岛屿"似乎能随意升降，或者向前移动"（页122），格列佛称其为"飞岛或者浮岛"。格列佛发现，这个岛的国王是个精通数学的天文学家，国家的主要阶层也是这类人。这个飞岛的国王对格列佛所到过的国家的法律、政府、历史、宗教和习俗没有丝毫兴趣（页130），因为，在他看来，政治的事情很简单，如果哪个城邦发生动乱、叛乱或剧烈政争，用天文学方式处理易如反掌——"只要国王能说服他的内阁和他合作，他就可以成为宇宙间最专制的君主"（页135）。显然，这个飞岛的政制基于现代天文学原理，它表征的是新理性科学废除传统生活方式的雄心和自信。

格列佛随后发现，飞岛其实是一个庞大帝国，支配好些岛国（都是飞岛），首都是"拉格多"（Lagado，页 127、139，据说影射伦敦）。格列佛乘坐飞行的拉普塔岛来到首都拉格多的所在地巴尔尼巴比，下降到岛上以后，格列佛在首都停留期间受到殷勤款待。这个城市是设计家的家园，最重要的地方是科学院。当格列佛走进科学院时，发现全是搞各种试验的实验室——其中一间挂满了蜘蛛网，带领格列佛参观的人高声尖叫，要格列佛千万小心别碰乱蜘蛛网，因为科学家们正在试验用蜘蛛代替蚕抽丝这一古老传统（页 144）。如果我们事先读过《书籍之战》就会知道，这一试验所具有的现代含义是什么。由此来看，通常把斯威夫特笔下的飞岛理解为"乌托邦"是错的。毋宁说，格列佛所到的飞岛是崇今派头脑中的王国，它并非乌有之乡，而是崇今派的智性之乡——培根笔下的"新大西岛"，英国革命正在把这个头脑中的王国变成历史现实的王国。① 斯威夫特的笔法是，通过卷一和卷二比较"小人国"（民主政制）与"大人国"（君主政制）的品质之后，《格列佛游记》要进一步探究这样一个问题：现代商化民主制这种理想政制是由什么样的头脑设计出来的？换言之，卷三的飞岛之行深化了民主政制与君主政制的比较。如果说"大人国"政制追求的是常识性的道德德性，那么，"小人国"政制追求的就是技术知识所带来的舒适和快乐。

---

① 伽利略因《关于托勒密和哥白尼两大世界体系的对话》受罗马教廷审讯和判软禁后，在家写作《论两门新科学及其数学证明》，年轻的革命政论家、诗人弥尔顿（John Milton, 1608—1674）到阿尔切特里（Arcetri）拜望了伽利略——由此可见新天文学与政治革命的关系之一斑。

格列佛还发现，飞岛上的科学家非常关心政治和时事，讨论国家大事或一个政党的主张时，非常激烈，寸步不让。显然，飞岛上的科学家们认为自己才真正懂政治，而且有特殊权力去改造所有传统的政治，因为他们有新的数学、物理学、化学知识——尤其重要的是，他们通过实验理性原则确立了新的历史科学。不用说，对于摧毁"大人国"来说，这门学问比数学、物理学、化学的火力大得多、管用得多。

参观过飞岛京城的科学院后，格列佛本来要去另一个飞岛拉格奈格，在马尔当纳达港转船时，由于一时没有班船，当地一位高贵的绅士建议格列佛去附近一个名叫格勒大锥（Glubdubdribb，其含义是"巫人岛"）的小岛看看。到那里以后，格列佛发觉自己到了一个极为古怪的地方，因为那里经常出没着许多古人的魂——原来，这里是现代式新史学专门处理古人英魂的地方。格列佛用了第7-8章两章篇幅来记叙在"巫人岛"的经历和见闻。他首先要求见荷马和亚里士多德，并希望也见见给他们作评注的后人——这种人一来就是好几百，由于惭愧自己对荷马和亚里士多德胡说八道，他们都躲得远远的。荷马和亚里士多德对这些后人大发雷霆，说他们的灵魂缺乏理解高贵精神的品质。格列佛还特地要求请来笛卡尔和伽桑迪，这两位现代哲学泰斗当着亚里士多德的面承认自己"在自然哲学方面"犯了错（页158）。

最让格列佛感到惊讶的是，这里的现代式新史学家人数众多，他们"像娼妓一样哄骗世人"，颠倒黑白地把历史上的英雄人物写成"最卑鄙的流氓和卖国贼"——反之亦然，把历史上"最卑鄙的流氓和卖国贼"写成了不起的诗人、政治家（页159 - 161）。如今好些学人都惊讶于斯威夫特笔下的格列佛能够准确预见到辉格党式史学的出现，甚至我们中国学人也难免惊讶，斯威夫特预见到了当今的新史学笔法。不过，最让人觉得斯威夫特的飞岛记具有历史预见性的是，格列佛后来发现，各个飞岛虽然有海洋隔开，但从地理上讲其实是一个大陆，它"向东一直延伸到美洲加利福尼亚以西的无名地带"，通过拉格奈格岛，这个大陆还与日本"结成了亲密的同盟"（页154）。在今天的我们看来，这个飞岛大陆有如"英美"世界，如今的《美日安保条约》就像是拉格奈格岛与日本结成的"亲密同盟"的进一步巩固。

有些论者认为，卷三的飞岛记显得松散，故事性不如前两卷。其实，这一卷的古今之争色彩最为明晰。不过，相比之下，格列佛在卷三中的身份比较模糊。一方面，格列佛对飞岛相当鄙视，尤其对飞岛首都的科学院十分厌恶，显得像个崇古派。毕竟，无论是巴黎的王国学院还是伦敦的皇家学会，都是崇今派知识人的摇篮。①可是，格列佛在飞岛时与岛上的大贵族（大数学家）也相处得很好，甚至愉快且秘密地相互交流

---

① 1635年2月，在法兰西王国学院成立典礼上，向法王路易十三的首相黎塞留建议创建法兰西王国学院的戏剧诗人德·布瓦斯罗贝特（François Le Métel De Boisrobert, 1592—1662）就发表讲辞攻击荷马。1668年，为了支持培根的实验学派，与占据英国高等学府的亚里士多德主义抗衡，英国皇家学会（the Royal Society）成立。参见伯瑞，《进步的观念》，前揭，页58、66。坦普尔十分清楚，早在丰特奈尔发端之前，英国皇家学会和法兰西王国学院就已经挑起了古今之争。

政见（页138）。格列佛对岛上的语文考据家的科研提出意见时，马上被认为有原创性，答应给他署名权（页153）——凡此表明，卷三中的格列佛又是个崇今派。即便在"巫人岛"时，格列佛让亚里士多德反驳了笛卡尔，但没有反驳培根（页158）——格列佛有可能与同时代的伏尔泰一样，信奉的是培根而非笛卡尔的新科学方法。

也许我们可以说，作为英格兰知识人，格列佛有两类：崇古和崇今的。如果是崇古的，他来到飞岛必然心生厌恶。如果是崇今的，在飞岛就会感到十分愉快，并参与岛上的实验。这个双重的格列佛形象在卷四得到进一步证明。

卷四虽然题为"慧骃国游记"，其实，这次格列佛所流落的地方并没有名字——与此相反，前三卷的标题中都没有出现country［国］这个语词，这次却出现了。还有一个值得注意的差异：格列佛记叙的前三次出海中，他的身份是外科医生，这次是船长。不过，故事一开始，格列佛就遇到船员造反，他被囚禁起来，然后被扔到一个不知名的岛上——显然，这比喻的是国家政变。我们可以推想，这段情节是柏拉图的苏格拉底在《王制》中所讲的"国家航船喻"的改写（参见《王制》488a–489a）。

格列佛流落这个无名岛国后首先遇到的是一群奇怪的动物：它们的头部和胸部都有厚厚的毛发，嘴边长着山羊胡子，样子丑陋之极，格列佛见了后马上心生厌恶。这时又来了两匹马——格列佛随后发现，马才是这个岛国的主要居民。由于当地语言把马读作Houyhnhnm［慧骃］，格列佛把这个岛国称为

"慧骃国"（卷四第 1 章）。慧骃会说话，善良、高贵、有理性，它们把岛上那些丑陋的动物叫作 Yahoo［雅虎］（张健译本译作"耶胡"）。由于雅虎不仅样子丑陋，而且生性贪婪、凶残、低贱，慧骃们把雅虎当奴隶来驱使，而且严加管制。让格列佛感到费解的是，他上岛后，慧骃们竟然把他也当成了一个雅虎。原来，雅虎虽然极为丑陋，却是一副人样——脸又扁又宽、塌鼻子、厚嘴唇、大嘴巴。由于格列佛身着制服，脚上穿有鞋和袜，慧骃们才有些疑惑，一时拿不准格列佛是不是雅虎。从头、脸和手的模样来看，慧骃们认定格列佛是个雅虎，但从格列佛整齐的衣着、光洁的皮肤和有礼貌的行为举止来看，慧骃们又觉得他不像雅虎。于是，整个卷四的故事情节便围绕这样一个问题展开：格列佛究竟是不是个雅虎（卷四第 2 章）。

为了让慧骃们认识自己，格列佛开始学习慧骃的语言，以便能与慧骃沟通。学会慧骃的语言后，格列佛开始向无名的马主人讲述自己的身世：他来自哪个国家，以及他如何流落到了这个岛上。马主人感到困惑：格列佛的国家——英格兰王国——的国民怎么都是些雅虎，因为在慧骃们看来，雅虎是没有理性的凶残动物。格列佛同样感到困惑：他在这里看到，慧骃才是理性的高贵的动物，雅虎却不是。格列佛承认自己身上到处都像雅虎，但他没有想到，雅虎的本性竟然那么贪婪、凶残、下贱（卷四第 3 章）。为了消除马主人的困惑，格列佛讲述了自己的遭遇：为了发财他离开祖国出海航行，结果遭遇不测……然而，格列佛的这次遭遇却成了他认识自己的契机：雅虎究竟是否真的具有理性的天赋（卷四第 4 章）。于是，与前三卷不同，格列佛在卷四的认识对象不是岛国而是他自己。

慧骃有非常出色的理解力，而且喜欢沉思，它们对格列佛的国家英格兰非常好奇。在马主人的要求下，格列佛讲述了自己的国家自"光荣革命"以来的宪政建设，也谈到整个欧洲的文明状况——从贸易和制造业到艺术和科学。格列佛首先谈到的是奥伦治亲王领导的革命和对法兰西王国的战争，马主人得知，无论英国的内战还是欧洲土地上的王国之间的战争，都极为凶残、血腥、持久，而战争的起因不外乎宗教意见不合或争夺领地。格列佛还谈到英格兰的法律制度，我们知道，英格兰人向来以其优良的法律制度自豪，我们中国知识人也非常崇拜，格列佛却告诉马主人，英格兰的律师尽管像"毛毛虫"一样多，但他们都是些讼棍，为了盈利赚钱不惜搬弄文字颠倒黑白。英格兰的官司大多涉及的是各种自然权利，尤其是财物所有权。格列佛告诉马主人，英格兰的法律原则是不按普遍公理裁决，而是拿"判例"当权威的典据，以便让最最偏私的意见合理化（卷四第5章）。格列佛接下来还谈到英格兰人的唯利是图的生活方式和自以为优越的宪法，他不得不告诉慧骃国的马主人，英格兰的首相和大臣们的确都是些雅虎，他们仅仅对财富、权力、爵位有强烈的欲望（卷四第6章）。

慧骃国的马主人听后觉得，格列佛的英格兰王国中与慧骃相像的人只有贵族，它甚至认为，格列佛就是这样的贵族。不过，马主人要格列佛注意：

"慧骃"中的白马、栗色马、铁青马跟火红马、灰斑马、黑马的样子并不完全相同,它们的才能天生就不一样,也没有变好的可能。所以,白马、栗色马和铁青马永远处在仆人的地位,休想超过自己的同类,如果妄想出人头地,这在这个国家就要被认为是一件可怕而反常的事。(页204)

这段说法让我们会想起柏拉图的苏格拉底在《斐德若》中剖析有爱欲的灵魂时说到的马车比喻:灵魂有如两匹双翼飞马拉的马车,其中一匹是"白马",它高贵、有节制、知羞耻,另一匹是"黑马",它低贱、肆心、贪欲。如果是高贵的灵魂的话,"黑马"必定受御马者和白马的控制;一旦"黑马"控制了御马者和白马,灵魂必定堕落。马主人的说法让格列佛不得不想这样的问题:自己也许真的是雅虎,即便是慧骃,也是马主人说的另类慧骃。马主人听了格列佛的讲述后认定,格列佛所属的英格兰国人的确是雅虎,因为,英格兰国人的生活方式和政治制度的品质乃至国民的性情无不与慧骃国中的雅虎一模一样,他们相互之间的仇恨胜过他们对其他动物的仇恨(卷四第7章)。马主人对格列佛详细剖析了雅虎的低劣天性和下贱作为,格列佛觉得很有说服力。他终于认识到,自己的确是个雅虎,马主人对雅虎天性的剖析用到自己的同胞身上非常恰当。

格列佛在慧骃国足足生活了三年之久,他既力图认识雅虎,也致力认识慧骃——他认识到,雅虎的天性乖张、狡猾、歹毒、下贱,慧骃的天性正派、质朴、节制、高贵。由于天性不同，雅虎和慧骃喜欢的哲学也不同：雅虎喜欢的是种种自然哲学体系，慧骃则赞同柏拉图所表述的苏格拉底思想（卷四第8章）。读到这里，我们已经可以觉察到，整部《格列佛游记》的内在理路是，通过小人国和大人国的对比（卷一和卷二）并经过卷三对智识人的考察，格列佛的游历最终抵达的是这样的问题：英国的自由民主宪政的品质究竟与哪种灵魂品质相像——他的结论是与雅虎相像。《王制》中的苏格拉底在讲过"国家航船"故事后说，这个故事"与城邦和真正的哲人的关系相像"（《王制》489a6）。我们有理由说，斯威夫特所讲的格列佛故事要揭示的是英国宪政与现代哲人的关系。布鲁姆有理由认为，斯威夫特笔下的"慧骃是从柏拉图刻画的人中推演出来的，而雅虎则是从霍布斯刻画的人中推演出来的"（《巨人与侏儒》，前揭，页434）。

揭示英国宪政的品质与雅虎而非慧骃相像，是《格列佛游记》的基本意图，因此，《格列佛游记》的前言"格列佛船长给他的亲戚辛蒲生的一封信"大谈雅虎和慧骃。让格列佛感到困惑的是：雅虎并非没有智性，雅虎式的宪政是雅虎式的灵魂设计出来的——英国宪政是雅虎让慧骃由主人变成仆人的结果。看来，斯威夫特笔下的雅虎国家寓意的是崇今派知识人搞出来的新政，但慧骃国却并非格列佛在游历大人国时所看到的君主国。毋宁说，慧骃国颇像是一个理想的共和国，因为，慧骃国施行统一的理性教育，婚配讲究择优，以保持纯净的血统。慧骃国的最高权力机构是全国代表大会，这个立法机构以按需分配的原则管理国家，并致力于让国家始终保持单一的纯洁——整个慧骃族具有的美德是友谊和仁爱。慧骃国的全国代表大会一直在辩论这样一个问题：要不要把雅虎们消灭干净（卷四第9章）。马主人并非这个国家的主人，它也得受全国代表大会节制——这个国家没有王者。当全国代表大会得知格列佛住在马主人家时，立即表示这违反了国家对待雅虎的规矩。全国代表大会勒令马主人要么像管制和奴役雅虎那样对待格列佛，要么将格列佛驱离——迫于无奈，马主人只好向格列佛下逐客令，让他飘渡回自己的国家（卷四第10章）。

《格列佛游记》以出海经历为基本叙事框架，有人说，这是模仿笛福的《鲁滨逊漂流记》，也有人说是模仿培根的《新大西岛》。其实，要说文学写作的航海经历这一主题类型，鼻祖当然是荷马。读过荷马的我们都知道，奥德修斯的经历就是航海经历——《奥德赛》开篇就说：

> 这人游历多方，缪斯哦，请为我叙说，他如何
> 历经种种引诱，在攻掠特洛伊神圣的社稷之后，
> 见识过各类人的城郭，懂得了他们的心思。

由于奥德修斯的航海历险也是认识自己的灵魂的过程，《格列佛游记》模仿的既非培根更非笛福。毕竟，无论是在《新大西岛》还是在《鲁滨逊漂流记》中，都没有涉及灵魂的自我认识。我们已经看到，《格列佛游记》的卷四就是格列佛对自身灵魂的认识过程，而这个过程基于前三卷的"游历多

方","见识过各类人的城郭,懂得了他们的心思"。① 只不过,格列佛对自身灵魂的认识在这里聚焦于一个时代的选择:古今之争的选择。所以,格列佛出海探险时"身边总有许多书籍",他一有空闲"就阅读古代的和现代的最好作品"(页4)。格列佛第一次出海是在1699年5月,如我们所知,斯威夫特的恩师坦普尔在1699年元月去世,年轻的斯威夫特在尚未停歇的古今之争中需要自己独自前行。

已经有悉心的读者注意到,《格列佛游记》寓示的是一个有极高智力热情的人的自我认识过程。② 格列佛的自我认识从认识自己所在的"小人国"开始,通过认识"小人国",格列佛发现自己有非常强烈甚至极高的智性热情。为了找到让自己的智性热情得以实现的地方,格列佛着手探究过去和现在的最佳政制。与"大人国"国王的交谈让格列佛慢慢觉得,自己对家庭和祖国的眷念之情越来越淡薄——这正是格列佛后来在慧骃身上可以看到的情形。在飞岛的经历让格列佛对自己的智性欲求的性质有了成熟的认识,他从此不再迷恋新科学理性。接下来与慧骃的相遇是格列佛的自我认识最为关键的一课——格列佛发现,慧骃族不仅在好奇心方面与他旗鼓相当,而且追求智性知识的献身精神比他还要强烈。慧骃族献身智性知识的热情受

---

① 比较尼采《扎拉图斯特拉如是说》第一卷第15节"一千又一个目标"的叙述:哲人扎拉图斯特拉要创造新的价值会充满奇遇和历险——尼采在这里两次用到"扎拉图斯特拉见识过许多地方和民族"。扎拉图斯特拉要驯服的怪兽"利维坦",正是斯威夫特在《格列佛游记》中写到的雅虎。

② 参见伯柔,"《格列佛游记》与矮化哲人",见刘小枫编,《古典诗文绎读:西学卷·现代编》,上卷,前揭,页467-481。

一个伟大的理想支配：打造一个完美的"理性社会"。由于这个理想，慧骃族自己先组成了一个社会，这个社会的美德是友谊和仁爱——然而，这两种美德的根基却在自然理性。因此，这个"社会"让我们想起的是斯威夫特的同时代人托兰德的《泛神论要义》中的托名"苏格拉底协会"。

按伯柔的识读，"小人国"人、"大人国"人和慧骃族的差异让格列佛懂得了人性的差异，这种认识使得格列佛对慧骃族的理想产生了怀疑：自然理性的哲学取代常识非常危险。他终于明白，现代"自然哲学体系"即使"确定无疑，也没有什么用处"。慧骃族的理想让格列佛深感震撼，他最终认识到，自己的天性使他不可能成为慧骃族，即便自己的天性中有模仿慧骃族的智性潜能。认识到这一点后，格列佛就不再看重自己特有的智性热情……格列佛历时16年半的海外经历的确是一个自我认识的过程，但结局是否如伯柔所说则恐怕未必。毕竟，格列佛最后爱上了慧骃国，他愿意成为慧骃，像慧骃那样生活：

> 当我想到我的家庭、我的朋友、我的祖国和全人类的时候，我认为无论从形体上或者性情上来看，他们实际上就是"雅胡"，虽然他们比较开化一些，而且具有说话的能力。但是他们只利用理性来增长他们的罪恶，而这个国家里他们的同类兄弟们却只具有天生的一些罪恶。有时我在湖畔或喷泉旁看到自己的影子就感到讨厌、可怕，赶忙别过了脸，觉得自己的样子还不如一只普通的"雅虎"来得好看。因为我时常跟"慧骃"谈话，望着它们觉得

很高兴，也就模仿起它们的步法和姿势来，而现在已经养成了习惯，因此朋友们常常不很客气地对我说，我就像马一样踱着。但是我却认为这是恭维我，我也不能不承认，我说话也往往模仿"慧骃"说话的声音和腔调，就是听到别人嘲笑我，我也一点不会生气。（页222－223）

格列佛被迫离开慧骃国时非常恐惧，他不愿再回到自己的祖国继续做雅虎。如果慧骃国不让他待，他宁愿去荒无人烟的小岛过孤独生活，自由地思考慧骃们无与伦比的德性（卷四第11章）。事实上，格列佛最后回到英格兰后已经不能忍受人味，因为他清楚地知道这是雅虎的味道——他甚至很长时期都无法与自己的妻子和孩子在一起，"一闻到他们的气味就恶心得受不了"（页296）。慧骃国与飞岛看起来完全不可同日而语，实际上形成了对比，正如"小人国"与"大人国"形成对比。格列佛刚到飞岛时，也语言不通，"大概过了一个月"才熟练运用飞岛人的语言。飞岛上的男人几乎都是自然哲人，"总是凝神沉思"，只要有纸有仪器就把老婆撂在一边，以至于他们的妻子们在飞岛上觉得百无聊赖，"渴望到下方世界上去看看"（页130）。至少从对女人的态度来看，慧骃与飞岛人不乏共通之处。慧骃国和飞岛国不仅都是相当理性化的政制，而且都追求同质性的生活方式。尽管如此，慧骃的理性与飞岛人的理性却有着品质上的差别。

斯威夫特在《格列佛游记》的"出版者致读者"中说，刊布这篇游记为的是给"青年贵族"提供一部"有趣读物"，免得他们受那些谈论民主政治和政党的"烂书"毒害（页1）。可以断定，这里的所谓"青年贵族"指的是从古至今都会有的慧骃族灵魂。斯威夫特能指望的仅仅是，每个时代凭自然而生的慧骃族灵魂应该好好认清自己，尤其要注意两类慧骃——即便这两类慧骃也还有多种不同颜色：这是灵魂的颜色。毕竟，对于慧骃族灵魂来说，首要的危险是缺乏自我认识（参见柏拉图《斐德若》229e5 – 230a8）。① 如果没有自知之明，无论慧骃有多高的智性、多奇妙的才华，都有可能沦为雅虎——在斯威夫特笔下，缺乏自知之明的智性灵魂的样子不是可悲，而是可笑。当然，斯威夫特清楚地知道，不必引导所有人都走向这种自我认识，或者说让雅虎通过自我认识而改变自己是不可能的。为了让"一般读者广泛接受"，或者说为了掩盖这种灵魂的自我认识，他采用了寓言形式。就此而言，坊间认为此书是"儿童读物"并非不正确。

《格列佛游记》在文体上的基本特征是讽刺，这一特征已经见于《书籍之战》和《木桶的故事》。《伊索寓言》善于通过短小的动物之间的故事来讽刺人性的弱点甚至邪恶，② 讽刺对象是人性品格等级中低劣和败坏的东西。在雅典时期的阿里斯托芬和古代晚期的路吉阿诺斯那里，这种讽刺诗艺得到极大的提升。他们不仅善于描绘人与人之间、人与动物之间（比如阿里斯托芬的《鸟》）的故事，而且讽刺对象除了人性的弱

---

① 坦普尔在《关于对〈论古今学问〉的评论的若干思考》一文结束时提到了苏格拉底的自我认识与德尔菲神谕的关系，见《文集》，前揭，卷三，页501。
② 参见《伊索寓言》，王焕生译，上海：上海人民出版社，2014。

点和邪恶,尤其还讽刺了慧骃族中的某类灵魂以及民主政制。可以说,《格列佛游记》是阿里斯托芬和路吉阿诺斯作品的现代翻版。与此不同,崇今派文人学士则师从文艺复兴时期的人文主义者,渴望嘲笑所有严肃美好的东西。由于自身的灵魂品性亲近雅虎,他们的作品只能靠嘲笑古传德性为生。坦普尔在《论诗》一文中比较古代的和现代的讽刺作家时说:在崇今派文人身上出现了一种"脉动"(vein),即嘲笑传统所界定的人的所有好品质。在坦普尔看来,这种"脉动"只会"败坏我们的现代诗歌"(corrupt our modern poesy)。毕竟,把好与坏、邪门与正派放到一起嘲笑是不义的,在这种嘲讽的鞭挞下,所有东西都没了差别。① 作为坦普尔的学生,斯威夫特参与古今之争的主要作品师法阿里斯托芬和路吉阿诺斯的笔法,使得讽刺这门诗艺本身也陷入了古今之争:古典式的讽刺针对人性的种种弱点和邪门,现代式的讽刺针对严肃、高贵和美好的东西。当然,自启蒙之后,模糊人性的种种弱点和邪门与高贵和美好品格的界限或区分,在英国新派智识人那里已经成了一种幽雅的机智,② 如今的我们正在追慕这种机智。尽管如此,随着我国学界古典研究的兴起和发展,可以预料,斯威夫特的作品不会再仅仅是"中学语文"推荐读物。毕竟,"五四新文化"运动时期的学衡派所引发的论战,早已让我们与西方的"古今之争"接上了火。

---

① 参见坦普尔,《论诗》,Spingarn 编本,前揭,页 71-73。
② 参见休谟,《人性的高贵与卑劣》,前揭,页 96-104。

结语：历史僵局

斯威夫特笔下的古今之争并没有以僵局结束。我们从《格列佛游记》的"前言"（格列佛写给亲戚的信）中可以看到，黑色慧骃族与雅虎的联手受到尖刻嘲讽。即便早年描述皇家图书馆里的古代书与现代书之战时，斯威夫特也没有以僵局结束：

> 荷马借坐骑的蹄子踢死了卫斯理（Samuel Wesley），然后又发力将佩罗从马鞍桥上抓起，向丰特奈尔砸去，两人顿时脑浆迸裂。

在斯威夫特笔下，崇今派遭到致命打击。但斯威夫特的笔力没有阻挡住历史前进的脚步，历史证明崇今派赢了。伏尔泰在总结古今之争时这样写道：

> 古人和今人之争至少在哲学领域里已经得到了解决。今天，在文明开化的国家，没有人再用古代哲学家的论述来教育青年。（《路易十四时代》，前揭，页497）

伏尔泰所谓的"哲学"首先指的是自然科学知识，他明确说，"尤其在哲学方面，英国人是其他民族的导师"——伏尔泰具体提到三位导师：培根、波义耳、牛顿。培根是新哲学的伟大开拓者，他首先倡导"应该使用新的方法探索自然"；牛顿是新哲学的伟大建立者，他凭靠自己发明的数学原理使得自己比其他任何凡人都"更加接近上帝"，"在人类经过三千年徒劳无功的探索之后"，"第一个发现并指出了自然界非常重要的规律"（同上，页496）。伏尔泰在18世纪作出的这一断言迄今有效，如今的大学理科生无须学习亚里士多德的物理学，古希腊的数学和物理学也不可能把导弹送上天，牛顿的数学和物理学原理才有这样的能力。

然而，伏尔泰所谓的"哲学"同时也指精神哲学和政治哲学，因为他随后又对比了洛克与柏拉图。对伏尔泰来说，洛克在精神哲学和政治哲学方面的地位相当于牛顿在自然哲学方面的地位：

> 洛克一个人足以成为我们时代相对于希腊极盛时期的优越性的重要例证。从柏拉图到洛克，哲学毫无进展。在这段时期内，没有人把人类的精神活动推进一步。一个人如果懂得整个柏拉图，并且也只懂得柏拉图，那实在是懂得很少，而且并非真正懂得。（同上，页497）

表面看来，伏尔泰并没有否认柏拉图在理解"人类的精神活动"方面的重要性和权威地位。然而，谁都看得出来，他的意思是：洛克哲学能够而且应该取代柏拉图哲学。毕竟，"只有洛克在他的一部著作中阐述了人类的理解力。这本书的内容全是真理"（同上，页498）。从今天的学问状况来看，伏尔泰的这一断言未必有效。毕竟，如今的大学文科生如果以为无须读柏拉图而只需读洛克，他在读书人圈子里难免成为笑柄——即便他自己意识不到自己可笑，甚至还以为自己很进步。

应该看到，无论是坦普尔还是斯威夫特，都从来没有否认新自然科学的成果，而是仅仅否认崇今派基于新自然科学发展出来的文明政制观念。无论基于新自然科学的商业文明的经济成就有多高，都并没有证明坦普尔在《论古今学问》中提出的根本论点输了：古代高于现代的关键在于其精神品质的高贵。这一论点为斯威夫特的所有涉及古今之争的文字提供了支撑点，因此，他在《书籍之战》中将源于培根的现代"年老"论称为"现代悖论"（modern paradox）。即便按照"历史进步论"的观点，越现代越年长、越经验丰富，仍然不等于越高贵。如今，我们一方面享受着科技文明带来的种种舒适、保健和安全，一方面也经历着人类灵魂的整体沦落。自二十世纪的"罗马俱乐部"以来，西方学界一直在谈论如何限制科技文明冲动给人类整体所带来的可见危害甚至自我毁灭的危险，然而，从一开始就与商业生活方式携手并进的新科学技术明显很难摆脱商业利益的驱动。坦普尔和斯威夫特这样的崇古派单单凭靠古典精神的高贵与商业技术文明的"进步"成就搏斗，从人类历史进程来看，显得自不量力。尽管如此，古今之争迄今仍在僵持，而且还会继续僵持下去。维持僵局比打破僵局对于人类文明史的未来发展更为重要，也更有意义，否则，人类文明最终真的会成为一张巨大的蜘蛛网。

尼采曾说:

> 我们看到希腊人消失了,我们看到欧洲仿佛被冲走,被淹没了——毕竟,当时的欧洲是如此弱小——但是,他们一次又一次露出头来,奥德修斯的民族不愧是游泳和潜水高手。①

在尼采眼里,能够代表欧洲文明形象的仍然是荷马笔下的奥德修斯,而非霍布斯笔下的利维坦或者美国的自由女神。一百多年之后的今天,欧洲人会问,奥德修斯是否已经淹死在大西洋?对于中国学人来说,我们看到的是:中国的古老文明正在被冲走、被淹没……

---

① 尼采,《人性的,太人性的》,前揭,下卷,第一篇,219节。

古典学与现代语境

莫尔和他的《乌托邦》

鉴于"社会主义"迄今是世界上强有力的政治观念之一，史称近代"第一位社会主义思想家"的莫尔仍然值得关注思想史问题的人们惦记，尽管今年他已经离世580年……

莫尔爵士（Sir Thomas More，1478—1535）生于不列颠王国的首府伦敦，幼年丧母，由曾担任过皇家高等法院法官的父亲带大。莫尔起先在伦敦的教会学校学习拉丁文，14岁那年（1492）进牛津大学学习古希腊文学，逐渐迷上柏拉图、伊壁鸠鲁和亚里士多德。与如今的许多家长一样，老莫尔认为儿子学古典文学没前途，逼他改学法学。16岁那年（1494），莫尔转入林肯法学院（Lincoln's Inn）攻读英国法，但他对喜欢拿哲学家开玩笑的希腊语作家路吉阿诺斯仍然爱不释手。

1455年,英格兰(已经不知道是多少次)再次爆发内战(兰加斯特家族反对约克家族),历时长达三十年——史称玫瑰战争(1455—1485)。1485年,兰加斯特家族的远亲亨利·都铎(Henry Tudor,1457—1509)击败并杀死英王查理三世,夺得王位(史称亨利七世),建立"都铎王朝"。亨利七世即位后,开始致力打造绝对君主政体:强行解散贵族武装,拆毁城堡,设立刑事法庭惩治不驯服的大贵族,与西班牙、法国、苏格兰、德意志等王室联姻,奖励工商业和航海业,建立起"一个专制而有效的政府"……亨利七世获得王位时,莫尔才7岁,他正好赶上了英格兰崛起的伟大时代。

在牛津大学读书时,莫尔就对意大利人文主义者的作品产生了兴趣——当时的牛津大学已经有人文主义者任教。对莫尔影响最大的意大利人文主义者是31岁英年早逝的才子皮科(Pico,1463—1494),莫尔不仅把他的作品译成英文,还撰写了《皮科传》。用今天的话来说,所谓"人文主义"就是以复兴古希腊罗马典籍为祈向的"古典主义"。不过,从文明史的角度来看,所谓"人文主义"还表征着如今所谓"民族国家"(其实是独立王权国家)的兴起。毕竟,复兴古希腊罗马典籍与西欧各王国的智识人决意摆脱罗马公教的控制有关。

"人文主义"的兴起还与资本主义商业化文明的兴起有关——英格兰在走向绝对王权政制的同时,也在走向商业化文明。1509年,年仅18岁的亨利七世之子亨利八世(Henry VIII,1491—1547)继位。在这位热爱"人文主义"的年轻君主治下，30岁出头的莫尔做了伦敦市行政司法长官的秘书，任上长达八年（1510—1517），两度受英王委派，到荷兰等地调停伦敦商人与当地商人的商务纠纷。在此期间，莫尔写了两部书，一部是用英文写的《国王理查三世本纪》（History of King Richard III，未完成），另一部是1515年用拉丁语写成的《乌托邦》——原书名其实很长：Libellus vere aureus nec minus salutaris quam festivus de optimo republicae statu, deque nova insula Utopia（《关于最佳政制状态和新岛乌托邦的既有益又有趣的真金之书》，1516）。①

莫尔在思想史上留名，靠的就是他不到40岁时写下的这部《乌托邦》。据我们的教科书说，通过颂扬新岛乌托邦的贤明制度，莫尔批判了刚刚兴起的资本主义生活方式以及英国的君主专制制度，第一次提出了消灭私有制建立公有制的理想。《乌托邦》设想的"最佳政制状态"实行财产公有制，公民没有私有财产，按需分配，每十年调一次住房，在公共餐厅就餐，穿统一的公民装，经济政治权力一律平等，每人轮流到农村劳动两年……官员由秘密投票方式选举产生，职位不得世袭……居民每天劳动六小时即能满足社会需要，其余时间从事科学、艺术、智识方面的游戏活动……在新岛乌托邦，没有商品货币，金和银一类贵金属只配用来制造便桶溺器……据说，

---

① 《乌托邦》中译本有几种，本文所引译文出自通行的戴镏龄译本（北京：商务印书馆1982），宋美璍译注本（台北联经版2003）不仅注释颇详，书末还附有详细的研究书目；权威英文本见R. S. Sylvester等编，The Yale Edition of the Complete Works of St. Thomas More，卷四（New Haven 1965）。

莫尔把私有制视为万恶的渊薮。于是，莫尔在思想史上不仅成了社会主义思想的创始人，也成了所谓"空想共产主义"的鼻祖——在马克思的《资本论》中，《乌托邦》对圈地运动的描写成了证明资本主义原始积累的生动材料。

《乌托邦》究竟以怎样的笔法"空想"共产主义呢？莫尔自己说得很清楚，他作为"伦敦公民和司法长官"仅仅是在"转述"一个名叫"拉斐尔·希斯拉德"（Raphael Hythloday）的航海家与一个名叫"莫鲁斯"的人关于最佳政制状态的两次谈话。莫尔笔下的希斯拉德（而非莫尔本人）宣称，乌托邦岛国是 optimus status republicae［共和国的最佳状态］，唯有这个岛国配得上 res publica［共和国］这一称号，在那里，无人拥有任何东西，但所有人都很富足。res publica 的含义译成英文就是 commonwealth / public weal，这意味着，没有私有财产的政制才算得上是 res publica。希斯拉德断言，只有在乌托邦岛国才有平等和公义，他抨击正在追求以商业化致富的西欧诸国，称这样的国家是富人的阴谋（conspiratio diuitum）——既然大不列颠王国就是正在追求商业化致富的王国，希斯拉德的谴责当然首先指向的是英国。

可是，我们不能把希斯拉德的观点当作莫尔的观点——据说，"希斯拉德"这个虚构的人名是希腊文"空谈的见闻家"的拉丁文转写。与希斯拉德交谈的莫鲁斯（Morus，据说这个名字是莫尔名的拉丁语写法）对希斯拉德的说法并不认同，他觉得希斯拉德"所讲述的［乌托邦］人民的风俗和法律中有许多东西似乎规定得十分荒谬"——莫尔笔下的莫鲁斯感到最为荒谬的是这个国家的"全部结构的根本特征",即"公共生活和给养完全无需金钱流通"(页118)。希斯拉德攻击追求商业化致富是"肆心"(superbia)的表现,莫鲁斯却认为,如果没有货币,"一个国家引以为自豪自荣的全部高贵宏伟和壮丽尊严都荡然无存"。他还认为,这种看法是一种"公共意见"(publica opinio),似乎追求商业化致富具有民意基础。如果莫鲁斯(Morus)就是莫尔(More)的化身,那么,莫尔的《乌托邦》就绝非是在"空想"共产主义,反倒是在为追求商业化致富的绝对君主政体辩护,甚至有可能是在教育年轻的君主——毕竟,亨利八世当时才25岁,而且十分喜爱人文主义式的作品。

当然,我们也不能把莫尔笔下的莫鲁斯当作莫尔本人,即便有证据表明的确如此。问题在于,我们是否应该把《乌托邦》中通过希斯拉德之口所表达的最佳政制观当真。《乌托邦》的第二部虽然是对话体,莫鲁斯并没有与希斯拉德展开论辩——希斯拉德讲完之后,莫鲁斯仅仅说,关于最佳政制的话题"将来还应该有机会更深入地考虑",然后就请客人进屋里用餐,以此结束关于乌托邦的叙述(页118 – 119)。这样的结尾使得《乌托邦》看起来像是柏拉图笔下的没有结论的对话。无论如何,虽然希斯拉德对乌托邦岛国的赞美充满激情,莫尔让他的这个最佳政制状态听起来不过是"世上并不存在的地方"(Nowhere)。如一位莫尔研究专家所说,由于莫尔在给伊拉斯谟的信中提到《乌托邦》时用的是拉丁词 nusquam(而非 utopia),《乌托邦》有可能是一个不列颠王国的人文主义者的"打趣"之作——"希斯拉德所讲的故事貌似真实，但懂希腊语的人文主义者却明白它是虚构"。① Utopia［乌托邦］这个虚构的希腊文语词由 οὐ 和 τόπος 拼合而成（意即"乌有之地"），莫尔用这个语词未必一定意指的是所谓理想的政制状态，反倒有可能暗示：无论哪里都不会有这种理想的政制状态。按此来识读，莫尔写《乌托邦》就不是在"空想"而是在"打趣"共产主义社会——把私有制视为万恶之渊薮不过是在调侃。希斯拉德说，他觉得：

> 任何地方［只要］私有制存在，所有的人凭现金价值衡量所有的事物，那么，一个国家就难以有正义和繁荣。（页 43）

在把自己的这一"内心的感想坦率"告诉莫鲁斯之前，希斯拉德先说了这样一番话：

> 柏拉图作了一个很妙的比较，指出何以哲学家有理由不参与管理国家。哲学家看见人们涌上街头，浑身给经常的阵雨淋湿，却无法劝他们进屋子避雨。哲学家知道，如果他们自己外出，毫无好处，只是和其余的人一样弄湿身子。因此，如果至少他们本人安全，他们就觉得满意，这

---

① 米勒，"《乌托邦》和文艺复兴时期的清谈"，见刘小枫主编，《古典诗文绎读：西学卷·现代编》，上卷，前揭，页 23-37。

样,他们便留在家中,对于医治别人的愚蠢,他们是无能为力的。(页42)

希斯拉德显然是个哲学家,他的这番话与紧接下来说的攻击商业化文明的话是什么关系?希斯拉德抨击私有制,以及详述乌托邦政制(见《乌托邦》第二部)难道不是在"参与管理国家"?莫鲁斯听希斯拉德谈乌托邦,最初的起因不就是因为英王亨利八世与西班牙国王查理五世在如何治国的"某些重大问题上发生争执"(参见页6)吗?

莫尔写《乌托邦》要么是隐晦地批评英王带领国家走向商业现代化,要么是"打趣"共产主义社会,以此鼓励亨利八世走向商业治国之路。① 倘若《乌托邦》真的是拿所谓"共产主义社会"开的一个人文主义者式的玩笑(谁知道呢),莫尔没有想到的是,这个"玩笑"开大啦。后人的阅读拿他本人开了一个不小的玩笑:《乌托邦》中的希斯拉德被当成了莫尔本人,而非对莫尔讲故事的人。启蒙运动之后,莫尔的"打趣"成了"空想"……到了十九世纪,欧洲的一些启蒙智识人决心把"空想"变为政治现实。为了实现这一政治诉求,就有必要重新解读莫尔的《乌托邦》。第二共产国际的著名理论家考茨基(Karl Kautsky,1854—1938)在33岁那年(1887)写成的《莫尔及其乌托邦》一书,堪称重读《乌托

---

① W. Nelson 编, *Twentieth Century Interpretations of "Utopia"*, Englewood Cliffs, 1968。

邦》的代表作之一——值得提到的是，考茨基在同年还写了《马克思的经济学说》一书。

考茨基没有想过这样的可能性：莫尔"空想"的也许并非是拒绝商业化的共产主义，反倒有可能是商业资本主义。即便如此，他的《莫尔及其乌托邦》仍然不失为一部严肃的学术著作，在西方政治思想史上也有其独特的位置。无论如何，今天我们重读《乌托邦》，考茨基的这部著作仍然有参考价值（英译本迄今仍在重印）。我们重印二十世纪60年代初翻译出版的《莫尔及其乌托邦》（北京：三联书店，1963），为的是让我们重新阅读莫尔时有所参照，从而认识到：阅读古典作品时如果忽略古典作家的笔法会付出怎样的历史代价。

古今革命与古典学

罗森斯托克-胡絮（Eugen Rosenstock – Huessy）算是二十世纪的一位奇特的思想家，早年在德国双修法学和古典语文学，学富五车，下笔却从不掉书袋，文风生动活泼，论题直逼当下迫切的现实问题，思索深广有余，还富有宗教激情……

胡絮的书我仅读过两本：《出于革命：西方人自传》（*Out of Revolution*: *The Autobiography of Western Man*，1938）和《越界的现代精神》（徐卫翔译，华东师范大学出版社，2008）。近八百页的《出于革命》给我的印象深得多，九十年代末，我打算组译这本对我们认识西方现代文明颇为有益的大部头，试着联络版权才知道，在美国，胡絮的追慕者们早就搞了一个基金会，严格控制翻译事宜。基金会的负责人对我说：先翻译哪本书由他们定，译者也得先经他们考核，至于版税倒可以分文不取。

胡絮著述的第一个中译本是基金会确定的《越界的现代精神》，我推荐的译者徐卫翔博士轻而易举通过了他们严格的学术考核（包括试译）。本来译事早就可以竣工，但卫翔痴迷意大利歌剧，每天可以耽误翻译，不能耽误听歌剧，甚至不惜搁下译业，义务为上海歌剧院翻译意大利文的歌剧排演指南。接下翻译任务不久，他又相继做了父亲、教授、副院长，越来越忙。不过，对卫翔的译文我向来有耐心等待，这一等就是八年。

未能组译《出于革命：西方人自传》一直让我不能释怀——不过，当我读到夏多布里昂的《试论古今革命》，我就不再感到遗憾了。毕竟，相比之下，胡絮的《出于革命：西方人自传》也未见得把探究西方革命的起源这件事情进行到底。

夏多布里昂（Francois‐Rene Chateaubriand，1768—1848）是我国读书界耳熟能详的法国大作家，他的《阿达拉》、《勒内》、《墓中回忆录》等名作早就有了中译本——令人费解的是，我国法语文学界虽然人才济济，与我们更为贴近的《试论古今革命》却一直被忽略。

对于西方人来说，法国大革命堪称"史无前例"——这场大革命爆发后仅仅八年，夏多布里昂就出版了《试论古今革命》（1797，共693页），原文书名很长：*Essai historique, politique et moral sur les Révolutions anciennes et modernes,* considérées dans leurs rapports avec la Révolution Française［关于古今革命的历史、政治、道德试论，出自这些革命与法国革命的联系的思考］（通常简称 Essai sur les révolutions anciennes et modernes）。这本著作不仅是对法国大革命作出的最早的思想反应之一，而且将法国大革命与古希腊时期乃至西方近代的诸多革命平行对比：在夏多布里昂看来，法国大革命并非"史无前例"。作者虽然采用大量古希腊文献，行文却是诗人笔法（明显模仿蒙田随笔风格），没有学究气，却饱含作者自谓的"苦涩的思考"。

《试论古今革命》动笔于1793年，与雨果的一部著名小说的书名《九三年》同年——其时夏多布里昂年方25岁。我们知道，在这一年的1月21日，国民公会以叛国罪处死国王路易十六及皇后，欧洲各王室无不感到震惊和恐惧……2月，欧洲各王国组成反法同盟，决定武装干预法国的共和革命，法国国内也发生大规模保王党叛乱……4月，法军前线指挥（吉伦特派将领）迪穆里埃叛变……5月31日，巴黎市民发动第三次武装起义，6月2日推翻吉伦特派统治，由山岳派领袖罗伯斯比尔执政……6月24日，雅各宾派党人颁布了第一部共和制宪法，革命越来越走向激进——史称"雅各宾派专攻"……

夏多布里昂是法国大革命的亲历者，甚至在一开始还是革命的拥护者。然而，革命爆发两年之后（1791），诸多暴行让夏多布里昂深感惊惧，他决定躲避革命——离开法国去到北美丛林，过了一年"未文明化"的生活。1792年，国内的共和与保皇之战打得炽烈，夏多布里昂没法在北美丛林再心安理得地漫步，毅然回到祖国。不过，这次他加入由保皇党流亡者组成的军队与革命军作战，成了"反革命分子"。在革命军与保皇军的一场遭遇战（Thionville 战役）中，夏多布里昂身负重伤，几经濒临死亡的磨难，最后流亡到伦敦，成了海外流亡人士……

从 1793 年起，夏多布里昂一直生活在伦敦，这时法国革命尚未结束，还在出人意料地发展。因此，我们不能说作者亲身经历了法国大革命的整个历程。按照实证史学的规矩，夏多布里昂没有资格来写对这场大革命的反思。可是，谁亲身经历了大革命，谁就有资格或能力反思大革命？或者，谁对大革命的史料了如指掌，谁就有资格或有能力理解并解释大革命？我们不少人都经历过属己的"史无前例"的大革命，也有一些过来人写过自己经历过的大革命……但我们迄今还未见到"历史、政治、道德的"大革命反思——遑论思考这场革命与西方历史上诸多革命的联系。"文化大革命"初期的一份革命文献已经把这场革命定义为世界历史上的第四次伟大的文化革命：第一次是希腊罗马的奴隶主推动的古典文化革命，第二次是资产阶级推动的"以意大利为首的文艺复兴运动……以后传到英国，传到法国，传到德国"；第三次是马克思、恩格斯和列宁推动的无产阶级文化运动——这份文献要求"高瞻远瞩地看到全世界的远景"与眼下第四次大革命之间的关联。这个定义自成一说，而且具有明确的世界历史意识。反观我们的诸多回忆和反思，我们几乎看不到这样的历史 – 政治 – 道德意识。

《试论古今革命》在 1796 年底仓促收尾，1797 年 3 月在伦敦首版——其时夏多布里昂尚未年满 30 岁。可以说，《试论古今革命》是夏多布里昂的处女作。不过，这部流亡之作并没有给流亡者夏多布里昂带来他渴望的声誉。1800 年 5 月，执政党大赦流亡保皇党人，夏多布里昂回到法国，担任 Mercure de France 杂志编辑；1801 年发表小说《阿达拉》（*Atala*），1802 年出版《基督教真谛（或基督宗教之美）》，1803 年受拿破仑委派以大使秘书身份随红衣主教费什到罗马……在革命之后的时代，夏多布里昂开始了另一番生涯。回到法国后，夏多布里昂一直没有刊印《试论古今革命》这部流亡之作——拿破仑掌握政权后虽逐渐恢复君主制，毕竟秉承的是革命法统。十多年后，随着夏多布里昂声誉日隆，海外人士反倒想起了他的处女作：1814 年，伦敦出现了该书盗印本，1815 年，依据这个盗印本迻译的英译本 An Historical, Political, and Moral Essay on Revolutions, Ancient and Modern（London：British and Foreign Public Library）出版（迄今为止唯一的英译本，译者不详）——随后的德译本也是依据这个盗印本。

夏多布里昂对盗印本"删除了原书中最应受指责的部分"不以为然，尽管他知道出版者是"出于好心"。随着时代的变化，夏多布里昂对革命的一些观点已经发生变化，但他非常坦然地看待自己的处女作，不愿用删除方式显示自己"一贯正确"。1826 年出版自己的文集时，夏多布里昂首次在法国刊印《试论古今革命》，这已是初版杀青三十年之后。夏多布里昂不仅为重刊本写了新的长篇序言，还补充了大量附注，以便既保留初版原貌又修正早年的一些观点，算是二次写作。①

与在 1795 年因撰写《荷马问题》而成为古典学家的沃尔夫相比，夏多布里昂显然算不上古典学家——然而，同样显而易见的是，《试论古今革命》表明，在夏多布里昂那里，古典学识与当下现实的关系远比在沃尔夫那里要紧密得多。我们不得不反躬自问：哪一种古典学问对于理解人世更有意义，或者，沃尔夫式的古典学对于人类的自我教育究竟有何意义？无论如何，这两个同时代人的灵魂德性的高低差异显而易见。夏多布里昂在《试论古今革命》中写道：Nous avons le malheur d'être nés au moment d'une de ces grandes révolutions：quelqu'ensoit le résultat⋯la génération présente est perdue［我们不幸生于大革命爆发的时刻：不论结果如何……这一代人都失落了］——我们这一代人会失落自己吗？

---

① 如今的考订版《夏多布里昂全集》（Gallimard 1978）中的《试论古今革命》（Maurice Regard 编辑、注释）依据的就是 1826 年的文本（附有长达 150 页的编者注释），与《基督教真谛（或基督宗教之美）》收在同一卷。《试论古今革命》本来分两卷（卷一含 70 章，卷二含 57 章），盗印本合为一卷（共 52 章），删减较多的是卷二部分。盗印本与原本章数相差悬殊，主要因为将初版的多章合为一章（有些章篇幅很短，文字不到一页）。

瓦格纳与古典

　　1871年，一百年前在腓特烈二世（Friedrich II von Preußen，1712—1786）手中才崛起的普鲁士王国经过长达六年的战争（1865—1871）终于实现了统一德意志的大业，建立起德意志帝国。不过，这个帝国采用的是联邦制政体，俾斯麦制定的宪法并未确立起帝国中央政府的权威，而是让德意志各邦国保留独立的立法权、行政权以及其他制度性权利（宗教、教育、医疗乃至治安的独立自主权），联邦议会（Bundesrat）形同虚设，与被拿破仑终结的神圣罗马帝国没有实质性的不同。尽管1871年宪法也赋予由普鲁士国王出任的联邦帝国皇帝在许多关键事务（如任免总理、外交决策以及对外宣战或媾和）方面拥有独断的权力，德意志帝国的政治文化仍然缺乏统一的民族凝聚力。

1872年，瓦格纳为演出自己的歌剧而修建的拜洛伊特歌剧院开工奠基，这一年他即将迎来自己的六十华诞。同年，瓦格纳的粉丝尼采发表《悲剧的诞生》，未料随即遭到自己的老同学维拉莫维茨激烈抨击。让今天的我们多少有些吃惊的是，最先站出来为尼采辩护的竟然是瓦格纳。他在《北德意志汇报》上发表公开信，斥责维拉莫维茨掉书袋的脑筋满脑子狭隘的专业行会意识，不懂尼采撰写《悲剧的诞生》意在针对德意志帝国的教育制度问题。身为作曲家的瓦格纳如此关心甚至介入国家大事，在作曲家中实在并不多见。

德意志帝国建国那年，瓦格纳已经58岁，他的人生伴随着德意志形成统一国家的历史过程。瓦格纳小时候首先热爱的是诗歌和戏剧，音乐次之——如他自己所说，他年轻时写诗也写戏剧，只是为了给自己的一部剧作谱曲，他才开始学作曲。在戏剧方面，瓦格纳崇拜英国绝对王权时代的莎士比亚，在音乐方面则崇拜德意志人贝多芬。瓦格纳立志要让戏剧之王莎士比亚和音乐之王贝多芬在自己身上融为一体，他天才地做到了。

为了让管弦乐队进入戏剧，瓦格纳改塑贝多芬和舒伯特打造的交响语汇，以无拘束的和声、不遵守严格的和声旋律模式的织体以及追求迷幻音色的配器丰富和发展了管弦乐语法，极大地启发了交响乐作曲家表达思绪的方式——布鲁克纳在1873年年底完成的第三交响曲题献给了瓦格纳，其中引用了一系列瓦格纳的歌剧作品（从《唐豪瑟》、《女武神》、《名歌手》到《特里斯坦与伊索尔德》），马勒把瓦格纳的歌剧手稿当作《圣经》古抄本一样的珍本来珍爱，柴可夫斯基则说，"我的老师第一是瓦格纳，第二是瓦格纳，第三还是瓦格纳"。

瓦格纳为自己的剧作谱曲时，善于依据戏剧人物和情节谱写出主导动机，让管弦乐队有效参与叙事——如今的电影故事片音乐，严格来讲就源于这种模式。瓦格纳不是为别人写的歌剧脚本谱曲的作曲家，就像真正的电影艺术家首先是戏剧家，而非为别人写的小说或剧作划分镜头执导的导演。瓦格纳首先是戏剧诗人，而且是西方古典意义上的戏剧诗人。古希腊的雅典戏剧就是一种歌剧形式，瓦格纳自觉地从中吸取养分，甚至模仿雅典戏剧四联剧的演出形式。古典学家尼采看出，"从来没有一部古典作品像埃斯库罗斯的《奥瑞斯特亚》（*Oresteia*）那样对瓦格纳的影响如此之大。"

瓦格纳迄今还没有进入我国的外国文学界的研究视野，不过，他的全部剧作毕竟已经有了中译本，只是还没有成为文学研究的论文对象而已。相比之下，瓦格纳的政治思想和宗教思想受到的忽视要严重得多。瓦格纳写过大量论文和文章，不仅涉及音乐和文学，而且涉及教育乃至现实政治，更不用说瓦格纳的歌剧作品本身就是政治-宗教作品。早在十九世纪就有评论家说，瓦格纳的歌剧是"音响演说"——用交响音乐织体宣叙的政治-宗教演说。套用古希腊的修辞术原理，瓦格纳的"音响演说"属于民众集会上的炫耀性演说类型，目的在于让听众迷醉倾倒，以凝聚城邦的情感共识。如果今人要想体会古希腊修辞术在民众集会上的魅力，瓦格纳的歌剧也许堪称绝无仅有的范本。

瓦格纳生活在法国大革命和拿破仑战争之后的时代，他赋予德语歌剧以建构现代民族国家的使命——有如威尔第的歌剧之于意大利，雅纳切克的歌剧之于捷克。可是，瓦格纳立志要让莎士比亚和贝多芬在自己身上融为一体，却没有意识到这一抱负面临极大的内在困难。莎士比亚是英国实现绝对王权政制的代言人，他的剧作表达了英国致力成为不受罗马天主教支配的独立王权国家的政治诉求。① 在瓦格纳生活的时代，德意志正力求实现统一国家和组建日耳曼中欧的抱负，他非常崇拜莎士比亚完全可以理解。但贝多芬身上带有的却是启蒙运动之后的政治情怀，② 法国大革命之后的"自由""民主"国家原则与绝对王权的国家原则实在不容易协调一致。在1848年6月所做的题为《共和政体志士对王位应抱何种态度》的演说中，瓦格纳说，"君主"应是"第一个真正共和政体的拥护者"——显然，这是一种自相矛盾的政治观，与俾斯麦主持制定的帝国宪法把绝对君主制与共和制强行杂糅在一起没有什么不同。

瓦格纳的困境来自德意志民族自身的历史——与盎格鲁-撒克逊人和法兰克人不同，德意志人在历史上从来没有形成统

---

① 参见蒂利亚德，《莎士比亚的历史剧》，牟芳芳译，北京：华夏出版社，2015，页22-75。

② 参见洛克伍德，《贝多芬：音乐与人生》，刘小龙译，北京：中央音乐学院出版社，2011。

一的王国。何况，正当德意志民族国家的生存冲动强劲之时，自由主义的政治观念已经开始蔓延（瓦格纳曾为美国独立百年纪念谱曲）。瓦格纳本来指望自己所属的巴伐利亚王国能够领导德意志的统一，当普鲁士王国逐渐在政治上获得统治权，瓦格纳便试图在民族国家机体之外去寻求德意志的统一，甚至打算抛弃民族国家理念，声称"唯有宗教能使公民获得原本的人之尊严"。由此可以理解，为什么有政治文化史家说，瓦格纳"主义"在1890年后的德国是不可思议的。固然，按照古典的政治智慧，世上的最佳政体不单单一型而是混合型，比如把君主制－贵族制－民主制要素混合在一起的政体。问题在于，要达成这种混合政体既需要高妙的政治－宗教理念，也需要高妙的制度设计——古老的中国在实现统一帝国的历史过程中就有过曾让欧洲人艳羡的混合政体。德意志神圣罗马帝国其实也是混合政体，但却是笨拙且无效的混合政体，德意志邦国的统一在历史上迟迟未得到解决。现代的大革命之后——尤其革命内劲比法国大革命更强劲的1848年革命之后，自由主义政治观念占据意识形态上峰，连老牌帝国都会面临困局，德意志的统一问题就更难解决。

瓦格纳在歌剧艺术方面能天才地将古代的雅典元素与现代的德意志元素混合起来，在政治神学方面是否也有这般好手艺呢？无论如何，瓦格纳在现代德意志政治思想史上也占有重要而且独特的位置，不仅因为他与别的音乐家不同，留下过大量政论作品，同样重要的是，瓦格纳在35岁那年曾投身1848年的革命，一生多次深度介入实际政治，算得上名副其实的革命文人和政论家。瓦格纳试图让"德意志观念"非政治化，结果却打造出一种奇特的德意志政治宗教。霍夫曼的《瓦格纳的政治神学》一书以翔实的史料和广阔的思想史视野表明，瓦格纳是今人认识德意志现代政治思想复杂性的范本之一。该书分为两个部分，第一部分篇幅很短，扼要检视从尼采、托马斯·曼到本雅明、阿多诺和当代的马尔夸特对瓦格纳思想的思考。第二部分是该书主体，作者以瓦格纳的创作史为线索展示瓦格纳政治-宗教思想充满矛盾的发展，既注重解析瓦格纳剧作中的思想，也重视辨析瓦格纳的政论和文论，并交互阐发。我相信，认识瓦格纳思想的内在矛盾和困境，对于认识中国现代政治思想所面临的内在矛盾和困境不乏鉴照意义——毕竟，瓦格纳同时也是一个希腊古典的热爱者。

古典与现代的三和弦

施特劳斯生前出版过两部自编文集,都具专著性质。第一部名为"什么是政治哲学",第二部名为"古今自由主义"。《柏拉图式政治哲学研究》是施特劳斯生前编选的最后一部文集,可惜未能全璧。如果说《什么是政治哲学》已经回答了"什么是政治哲学",那么,"柏拉图式政治哲学研究"这个书名则进一步回答:为什么是柏拉图式的政治哲学。

这部文集原计划共十七篇文章(含"导言"),施特劳斯没有来得及完成导言和论柏拉图的《高尔吉亚》一文就去世了。其实，这三部文集仍未囊括施特劳斯生前发表的所有文章。① 既然选编本书时可以选用的文章不少，施特劳斯为何选定这十六篇文章以及为何如此安排篇章顺序，想必有其用意。但作为读者，我们要想知其意图实在很难，比如，论海德格尔现象学的文章用了"作为严格科学的哲学与政治哲学"这个题目，而且置于篇首，随后紧接着的却是三篇论柏拉图的文章（缺论《高尔吉亚》一篇）……显然，本书篇目的编排没有按思想史的顺序，意在突显思想史的某种古今张力——然而，什么样的古今张力？从题为"对修昔底德著作中诸神的初步考察"一文起，到"耶路撒冷与雅典：一些初步的反思"，施特劳斯讨论的似乎主要是神学问题，对色诺芬《上行记》的释读，主要关注的就是其中的敬神问题——但其中为什么夹着一篇并非释读原典的"论自然法"呢？

论尼采一文的题旨显得承接的是开篇论海德格尔的文章，但接下来却是三篇论迈蒙尼德的文章。如果说前面三篇论柏拉图的文章与论海德格尔的文章彰显了某种古今对比，难以理解的是，论中世纪的柏拉图传人的三篇文章与论尼采的文章何以能彰显某种古今对比。接下来论马基雅维利的文章倒是与前面论修昔底德的文章有某种呼应，因为马基雅维利最重要的著述是《李维史论》。仅仅从篇名来看，紧随论马基雅维利文的书

---

① 参见潘戈编，《古典政治理性主义的重生》，前揭；施特劳斯，《苏格拉底问题与现代性》［增订本］，前揭。

评文章明显与现代自由主义相关,而且与前面的"论自然法"一文似乎形成呼应。

倘若如此,这部文集的篇章布局似乎仍然隐含着古典政治哲学与古今自由主义的张力——施特劳斯编选《古今自由主义》(*Liberalism Ancient & Modern*)文集时(1967年,正式出版在1968年),"文化大革命"不仅在中国也在欧美发达资本主义国家风起云涌。这部文集的书名、篇目乃至篇章顺序同样值得品味——起头两篇文章讨论何谓"自由教育",最后以一篇讨论"好社会"的文章结尾……这也许意味着,无论古代还是现代的自由主义,根本问题在于智识人的教育与"好社会"的关系。换言之,自由主义的根本问题并非首先在于其具体的政治意见是否允当,而是智识人自身德性品质的败坏,进而导致全社会的道德品质败坏。问题的复杂性在于,现代自由主义无不自以为体现了智识人的德性进步——施特劳斯却让我们回想苏格拉底当年遭受指控的罪名:不敬城邦的神和败坏青年……在这部临终文集中,施特劳斯把柏拉图的《苏格拉底的申辩》与《克力同》放在一起作为平行文本来解读,恐非偶然。

现代自由主义要造就"新人"、打造"好社会"——"文化大革命"的伟大战略目的同样如此。在《古今自由主义》文集中,紧接两篇关于"自由教育"的文章之后,是一篇讨论古典自由主义的文章,随后是四篇古典作品的解读:"论柏拉图的《米诺斯》"讨论法律与传统宗教的关系,随后是"卢克莱修简注",然后是论迈蒙尼德的《迷途指津》和论中古晚期基督教哲人马西利乌斯的文章。四篇解读古人的文章之后，是一篇无题作品，谈现代政治学问（教育）的基础，其中有一段话说，"新政治学问的基础是逻辑"，康德和黑格尔实际上模仿的是亚里士多德（参见英文版，页210）。这段话提醒我们注意到柏拉图与亚里士多德的对立，换言之，现代自由主义的精神根源在古希腊的雅典……《古今自由主义》序言中的一句话为此提供了佐证：某些前现代的思想显得更为靠近现代的思想。的确，卢克莱修的启蒙哲学比康德的启蒙哲学更富诗意，甚至可以说，更富后现代味道。

在早年（1931年）作的学术报告"柯亨与迈蒙尼德"中，施特劳斯已经写道：

> 与对于亚里士多德来说完全一样，对于柏拉图来说，认知是人的最高可能性。**决定性的区别在于，他们对待这种可能性的方式**。亚里士多德让这种可能性放任自流（völlig frei）；毋宁说，他让可能性保持其自然的自由（natürliche Freiheit）。与此相反，柏拉图不允许哲人们做"现在允许他们做的事情"，亦即不允许把在哲学思想中生活当作在哲学思想中、在对真理的直观中打坐（Verharren）。①

---

① 见施特劳斯，《犹太哲人与启蒙》，前揭，页160。

这无异于说,亚里士多德是自由主义者,柏拉图不是……为了共同体的好生活,柏拉图笔下的苏格拉底"强迫"哲人们"为其他人操劳,看护他们"(《王制》,519d-520a)——如果苏格拉底的政治哲学转向的意义在于:懂得了自己从事哲学的权限和"守法的义务",进而改变了对自己的自由的理解,那么,古典自由主义问题的关键就在于,亚里士多德如何看待苏格拉底对哲学的审判和苏格拉底所遭受的政治审判。历史的吊诡在于,现代的自由主义智识人无不反对"在对真理的直观中打坐",为了共同体的"好生活",他们殚思竭虑"为其他人操劳,看护他们",但同样以取消"哲学自己必须对国家、对法律负责"这一对智识的道德要求为前提。如果说在古代,自由主义的品质问题在于:哲学是否有绝对的独立自主性质,哲人是否应该在纯粹的静观中"自由"生活——那么,在现代启蒙之后的时代,自由主义的品质问题在于:为了共同体的"好生活",智识人凭靠什么德性尺规殚思竭虑"为其他人操劳,看护他们"……

《柏拉图式政治哲学研究》以论柯亨的文章垫底,不仅与起头论海德格尔的文章形成呼应,也与中间论尼采的文字相呼应。从某种意义上讲,柯亨和海德格尔都是施特劳斯的老师,还应该加上尼采(施特劳斯出生时,尼采尚未去世)——《作为严格科学的哲学与政治哲学》一文在说过海德格尔的"实存主义"及其与胡塞尔的关系后,就说到尼采。从文集中所处的位置来看,柯亨、尼采、海德格尔这三位时代的教诲师有如一种现代的三和弦音响：柯亨在根音位置，尼采在三音位置，海德格尔在五音位置。这个现代的三和弦可以看作另一个现代三和弦（马基雅维利－霍布斯－洛克）的倒影……当然，我们知道，三和弦除了原位，还有六和弦和四六和弦两个转位。倘若如此，论柏拉图三文（论《高尔吉亚》文当计算在内）与论迈蒙尼德三文则分别有如两个古典的三和弦，与两个现代的三和弦形成对照。

施特劳斯以这部临终文集向我们展示出他的真实身份：他是历代思想大家的学生，而非老师。这位学生有资格成为我们的老师，不仅因为他以自己一生的思索告诉我们，要在历代思想大家中辨识出真正的老师极为艰难，而且因为他告诉我们：正确的政治哲学为什么是柏拉图式的三和弦，而非现代式的三和弦——如果现代智识人不首先自我审查和认清自己的德性问题，任何急切地想要解决当下现实问题的政治关切都是自由的、太过自由的……

现代式的古典学家葛恭

瑞士古典语文学家葛恭（Olof Gigon）是巴塞尔人，他从事的学业与他所出生的城市的品质相一致：在十九世纪，巴塞尔已经是西方的古典学重镇。葛恭的父亲是巴塞尔大学医学院的教授，葛恭长大后就读巴塞尔大学古典语文学系，博士论文以赫拉克利特为题（*Untersuchungen zu Heraklit*, Leipzig 1935），教授资格论文以亚里士多德的学生泰奥弗拉斯特（Theophrast）为题，专攻文本考据。获得教授资格后，葛恭起初在瑞士弗里堡（Fribourg）大学任古典语文学教授，不久后出任伯尔尼大学古典语文学系系主任（其间当过一任伯尔尼大学校长），二战后还兼任德国慕尼黑大学古典语文学教授，晚年退休后移居雅典，直到去世。

葛恭教授早年在古典学界声名鹊起靠的是以下三部力作：《古希腊哲学的起源：从赫西俄德到帕默尼德》（*Der Ursprung der griechischen Philosophie. Von Hesiod bis Parmenides*，Basel 1945），《诗和纪事中的苏格拉底形象》（*Sokrates：Sein Bild in Dichtung und Geschichte*，Basel 1947），《古代哲学》（*Antike Philosophie*，Bern 1948）。与多数古典学者埋头考据、笺释不同，葛恭非常关注现代哲学问题，力图拉近古典哲学与现代哲学的关系，把现代哲学问题的古希腊源头呈现给现代哲学界。《古代哲学的基本问题》（*Grundprobleme der antiken Philosophie*，Bern 1959）实际上是从现代哲学的基本问题出发来看古代哲学的基本问题；《柏拉图概念词典》（*Begriffslexikon zu Platon*，Zürich/München 1975）的编撰方式是，从现代哲学的流行观念出发来索引柏拉图作品中的相关表达——显然，葛恭致力于打通现代与古代。他主持编写的三部文集更为充分地反映了这一学术取向：《古希腊医学思想的开端：从荷马到希珀克拉底》（*Der Beginn des medizinischen Denkens bei den Griechen von Homer bis Hippokrates*，Zürich/Stuttgart 1967），《古希腊－罗马宗教、法律、文学和语言短论集》（*Kleine Schriften zu Religion，Recht，Literatur und Sprache der Griechen und Römer*，München 1968），《古代法哲学与社会哲学》（*Antike Rechts － u. Sozialphilosophie*，Frankfurt a. M. /Bern 1988）。

半个多世纪过去了，从今天来看，葛恭打通现代哲学与古代思想的努力，热情可嘉，成效却并不理想，甚至让人觉得吃力不讨好。葛恭曾用五百多页篇幅解读柏拉图《王制》前四卷（*Gegenwärtigkeit und Utopiaeine Interpretation von Platons Staat*, Zürich 1976），可见他的古典学功夫非同一般。可惜，这种从现代哲学视域出发的古典解读必然半途而废——正如我们熟悉的一些现代儒家学者，从现代西方哲学的问题或民主政治关怀出发去重新解说古代儒家，难免以失败告终。

葛恭的传世佳作并非他旨在打通现代哲学与古代思想的古典研究，而是他留下的大量古代经典的译注和笺释。在这方面，葛恭堪称成就斐然，最著名的是亚里士多德和西塞罗若干要籍的德译和笺释，好些译品已经成为大学文科基本读本：亚里士多德的《论天象》、《论灵魂》（Zürich 1950, 1983），《尼各马可伦理学》（Zürich 1951, 1967），《诗术》（Stuttgart 1967），尤其《政治学》（Zürich 1955, 2003 第九版）；西塞罗的则有《图斯库卢姆谈话录》（München 1951, 1992 第六版），《善恶的极限》（München 1988），《论诸神》（Darmstadt 1996）。葛恭辑录、德译、笺释的《伊壁鸠鲁集》（*Epikur*, *Von der Überwindung der Furcht. Katechismus*, *Lehrbriefe*, *Spruchsammlung*, *Fragmente*, Zürich 1949, 1991 第四版）亦为善本，他做的色诺芬《回忆苏格拉底》前两卷注疏（Basel 1953/1956）是难得的佳品。由此我们可以得出一个教训：倘若习得扎实的古典学功夫，与其吃力不讨好地去打通古代与现代的隔阂，不如踏踏实实做古典文本校释——通过古典文本笺释，让今人在现代-后现代语境中得以重新阅读古典文本，才是切实的贡献。

葛恭涉及的古典文本面相当广泛，可以说涵括了整个古典传统，包括谈古典基督教的《古代文化与基督教》(*Die antike Kultur und das Christentum*, Darmstadt 1967) 和《一个古典语文学家的新约刍议》(*Erwägungen eines Altphilologen zum Neuen Testament*, Basel 1972)——葛恭一生为学非常勤劳，除诸多专著和译著外，还在古典学专业学刊上发表过大量有价值的古典学论文。与我国诸多笃学的文史学家一样，葛恭的古典研究的精品往往见于专题文章，而非专著。这些文章论题敢于立异而又精湛绵密，精细到家却又不失大体，绝无大而化之的泛论。笔者选编的《柏拉图与政治现实》（黄瑞成、江澜译，华东师范大学出版社，2010）选译了他的四篇讨论柏拉图作品的文章，我们可以看到，葛恭研读经典触觉之精细、文献视野之广博，的确令人开眼界。这四篇文章均出自葛恭自己结集的文集《古代哲学研究》(*Studien zur antiken Philosophie*, Berlin 1972)——这部文集辑录了葛恭三十二年间的古典研究论文：从1936年的《论阿那克萨戈拉》到1968年的《前苏格拉底派导引》，论题范围从古希腊自然哲人直到古罗马哲学。由于文集篇幅较大（四百多页），而且大量援引古希腊语、拉丁语原文，译者难觅，我仅选取了其中关于柏拉图的四篇，结为一书。

我们可以从这四篇文章看到，葛恭非常关注而且善于细究柏拉图作品的文学性。由此可知，关注柏拉图作品的文学性其实是西方古典学界研究柏拉图的传统路数之一，并非施特劳斯的发明——问题仅在于，即便关注柏拉图作品的文学性，仍然还有一个视野问题。葛恭的这四篇柏拉图研究也向我们表明，欧洲的古典研究要摆脱维拉莫维茨-耶格尔的历史主义古典学窠臼，颇为艰难，尽管葛恭已经难能可贵地摆脱了当时在德语学界占支配地位的新康德主义对古典学的不良影响，也没有沾染后来在古典学界泛滥成灾的结构主义人类学习气。

"现代性旋涡"中的《经学通论》

　　清末民初之际,列强煎逼,国体不堪,我国经学却出现了新景象——总结经学历史传统、归纳经学条贯。这意味着,在德政传统危难之际,经学聚集精神,警醒国体危难意识,宛若前清经学深痛性理之学空疏诞妄、导致国家灭亡。湘中大儒皮锡瑞聚集精神,著《经学历史》和《经学通论》两种,相互发明,开风气之先,引领出一批兼宗汉宋、不废古今、学贯四部的经学通识著作。我国传统学术过去并无学术史名目(西方传统学术同样如此),但《经学历史》绝非如今意义上之学术史。同理,我国传统学术过去并无通论名目(西方传统学术同样如此),但《经学通论》绝非如今意义上之经学理论,而是因应国体危难亟求两千年来历代大儒之精神。

"五四"以来形势骤变,新派智识人亟求现代实证化人文社会科学"新偶像"(尼采语)。从此,近两千年不绝若线的中国经学到了该终结的历史时刻之说,延绵半个多世纪不绝于耳。引人深思的是,倡言终结经学者并非异邦人,而是国人:民主共和兴,传统经学被判为帝制附庸、"封建糟粕",当然应该废。废经学具体做法大致有二:要么变经学为"国故"之学或古典文献学,要么变经学为现代西式实证史学。"五四"时期的"经学史"科目创始人明言:经学史之目的仅在于让经学成为历史陈迹——这无异于让本来还活生生的身体变成僵尸。无论采用哪种方式,终结经学都得先对经学有一番爬疏功夫。因此不难理解,终结经学者乃"五四"式新派经学史家。终结中国经学之举成为现代中国经学的一次内部事变,经学品质荡然无存。二十世纪九十年代,国学界甚至一度追仿美国汉学,变经学史为所谓社会史,如此怪现象正是变经学为经学史一科之结果。

然而,在"现代性旋涡"中,我国经学传统并未成为僵尸,正如西方经学传统——古希腊罗马经学和犹太-基督教经学并未变成僵尸。在西方的现代化进程中,古希腊罗马经学的复兴此起彼伏,不断质疑现代僭政,基督教经学传统亦未因实证化人文社会科学僭政而废。如今,我国新生学子比"五四"学辈更愿意珍惜经学命脉,守护经学传统品质——值此之际,皮鹿门在经学危难时刻所著《经学历史》和《经学通论》两书仍为启蒙读本。如今名为"经学史"和"经学概论"的新派论著虽多，无一能取代皮鹿门经学两书。

在中国思想史著或新派经学史著不断推陈出新的今天，《经学通论》的学术价值和历史意义当远在《经学历史》之上。《经学历史》一书经著名经学史家周予同先生校注，半个世纪以来流传不衰，在现代学问的旋涡中为传承经学统绪作出了不可磨灭的贡献。令人遗憾的是，周予同先生未能校注《经学通论》，坊间流传者仍是1954年中华书局据民国时期仅有旧式句读的刊印本出版之影印本，迄今无校注本出。周春健教授以古典文学普及本方式（随文解释难词，生僻字出拼音）而非古籍整理学方式校注《经学通论》，为热切回归古典学问的青年学子提供了一部没有受到现代"主义"学问污染的"绿色"读本。

民主政治家张东荪与柏拉图

柏拉图作品的汉译始于民国时期，但成果不多。张师竹和张东荪合译的柏拉图对话六种出版于 1932 年，算得上民国时期柏拉图汉译的一大成就。遗憾的是，如今连 google 也检索不到第一译者张师竹先生的生平。如果民国时期没有同名同姓的两个张师竹的话，那么，商务印书馆在 1928 年出版的波比忒著《现代教育名著课程》出自张师竹的译笔，商务印书馆在 1959 年出版的罗素著《社会改造原理》和 1961 年出版的罗素著《常识和核武器战争》，以及 1959 年上海人民出版社的托马斯·潘恩著《理性时代》第一部分，都可能出自这个张师竹的译笔——他后来还与许崇信合译了丘吉尔的《第二次世界大战回忆录》第六卷。

第二位译者张东荪（1886—1973）就不同了，他是民国时期乃至新中国成立初期的大名人，出生在浙江杭州的官宦世家。他哥哥张尔田曾官刑部主事，后出任燕京大学国学总导师，算得上一代国学大师。从其《史微》（上海书店2007版）一书可以见出，其学识的确不凡。张东荪原名张万田，十九岁时官派留学日本东京帝国大学哲学系，在读期间就非常活跃，与蓝公武等在东京创办学术月刊《教育》，探讨哲学问题。学成归国后，张东荪适逢辛亥革命，随即参加南京临时政府，担任临时内务部秘书。南京政府解散后，张东荪并没有跟随孙中山跑，虽然反对袁世凯复辟，但他并不支持破坏宪政的二次革命。他加入梁启超的研究系，积极投入国会选举，寄望于在既有宪政框架下继续建设第一共和。

竞选失败后，张东荪弃政从文，专搞政治评论或者说专搞民主政治启蒙——1917年接替张君劢主编研究系喉舌《时事新报》后不久，张东荪即创办副刊《学灯》，使之成为当时宣扬新思潮的三大名报之一，与《晨报》副刊和《民国日报》副刊《觉悟》鼎足。1919年，张东荪又在上海创办《解放与改造》杂志，宣传社会主义和共产主义新思潮，1921年还参加了上海共产主义小组的活动。可是，就在第二轮政党政治兴起的时候，张东荪离开政治评论界，辞去《时事新报》主编（1924）转而从学，先任上海光华大学文学院院长，创办中国第一个哲学专刊《哲学评论》（1927），后转任燕京大学哲学系教授（1930）——《柏拉图对话六种》就是在这段时期完成的。

这六种对话都是柏拉图作品中的名篇,由张师竹据 Jowett 英译本译出初稿,张东荪据 Loeb 丛书本以及其他"各种译本"覆校,"改动达四分之三"。由于张东荪未列出具体书目,我们不清楚他参考的其他"各种译本"是哪些,但这无关紧要。Loeb 丛书本是希英对照,不清楚张东荪是否能参看希腊文(从一些人名的音译来看,译者并未按希腊语发音迻译)。即便未能参看希腊文原文,也无关紧要,重要的是,他用白话汉语译出了这六篇对话。今天我们重刊近八十年前的前辈译作,不是为了要去挑错,而是学习翻译柏拉图这样的经典的汉语表达经验。毕竟,我们今天仍然面临的一大问题是:究竟用怎样的语体文风来翻译古希腊经典。这个译本已经采用白话文体,尽管仍然保留了明显的文言痕迹,读起来却非常流畅。在不损害可读性的前提下,适当的古雅文风是否也是可取的,迄今值得考虑。

在译者序言中,张东荪把柏拉图作品比作我国十三经一类经典,恰如其分,后世反倒很少见到这种类比。柏拉图对话六种出版那年(1932年),张东荪再度返回现实政治,与张君劢共同组建国家社会党,创办机关刊物《再生》周刊。日本军占领北平后,张东荪因坚持抗日主张被捕入狱,被关期间四次自杀未遂,颇有骨气。被判缓刑保释出狱后,张东荪辗转到陪都,出任民盟中央常委。抗战胜利后,张东荪积极斡旋国共政治协商……1948 年底,解放军兵临北平城下,张东荪陪同傅作义的代表与中共代表秘密谈判,一举促成古城和平解放。新中国成立后，时任燕京大学哲学系主任的张东荪出任中央人民政府委员、政务院文化教育委员会委员。朝鲜战争爆发第二年，张东荪被控向美国出卖国家重要情报，被免去政府职务，不过工资照发——"文革"爆发后的第三年（1968年），张东荪被捕入狱，五年后病逝于秦城。

张东荪在柏拉图对话六种的序言中提到，他曾"发心"译出传世的全数36种柏拉图对话，可惜未能如愿。兴许，由于张东荪有建设现代民主中国的伟大政治热情，才使得他未能如愿全数翻译柏拉图。当然，情形也可能是，他没有继续翻译柏拉图，是因为他看到了柏拉图作品的反民主性质，或者看到了苏格拉底对待实际政治的消极态度——柏拉图关于哲学与政治的关系的看法，可能让他失望。毕竟，从1952年到1965年，他也许有足够的时间实现自己二十年前的愿望。

布鲁姆如何抵制美国的文化革命

布鲁姆是出生于普通社工（social worker）家庭的才子：15岁上芝加哥大学，18岁本科毕业，25岁以研究古希腊修辞家伊索克拉底（Isocrates）的博士论文获得博士学位。38岁那年（1968），布鲁姆翻译的柏拉图《王制》出版，并附有义疏，为他赢得了古典学家的声誉，尽管译文因严格按字面翻译而过于生硬，受到不少批评。同一年，布鲁姆还出版了他翻译的卢梭《致达朗贝尔论剧院的信》，11年后又翻译出版了卢梭自认为最重要的著作《爱弥儿》（1979）。无论柏拉图的《王制》还是卢梭的《爱弥儿》，都是大部头经典。我们可以设想，倘若不是哈钦斯（1899—1977）校长划时代地改造了芝加哥大学本科教育，确立起"阅读大书"（Great Books）的博雅教育理念，① 布鲁姆这样罕见的才子恐怕不会把自己的大量人生时间用来翻译这样的大部头经典。

《美国精神的封闭》引发的争议让我们想起卢梭在39岁那年因《论科学和文艺》而引发的争议。尽管卢梭在其写作生涯的开端就惹事，布鲁姆惹事时已经57岁，他们惹事的性质都一样：挑明了民主政体必然会面临的公民教育难题。《美国精神的封闭》有这样一个副标题："高等教育如何导致民主失败和大学生心灵枯竭"（How Higher Education Has Failed Democracy and Impoverished the Souls of Today's Students）。在卢梭的时代，民主政体尚未形成，不可能谈论相应的高等教育问题，但《美国精神的封闭》与《论科学和文艺》所挑明的问题一以贯之：即便民主政体也应该封闭国家精神。

建立民主政体得凭靠哲学，民主政体建立之后，哲学自然会成为高等教育的基础。民主政体的基本特征之一是，智识人群体不再受任何建制约束，除非自己约束自己。由此不难设想，在开放的民主政体中，五花八门的哲学主张难免导致国家精神的混乱。《美国精神的封闭》表明：哲学的民主状态会危及民主政体的国家精神。布鲁姆去世前一年与同仁编辑过一部

---

① 参见哈钦斯等著，《大学与博雅教育》，董成龙编/译，北京：华夏出版社，2015。

文集，他用书名及其副标题进一步挑明了这一问题。① 问题的吊诡在于："美国精神"恰恰是心仪民主政体的哲学家们打造出来的。建立民主政体首先需要靠自由的哲学破除原生性的政治生活的基本原则——民主政体建立之后，又需要阻止哲学的自由破坏民主政体的立国精神。布鲁姆呼吁"封闭美国精神"，我们则仍需要致力于"开放中国精神"——我们的许多智识人会说，理由很简单：尚未"开放"，谈何需要"封闭"。

除了翻译大部头经典和教书育人培育好学生，② 布鲁姆还写过一些绎读西方经典的文章，以政治哲人姿态与破坏政治生活基本原则的民主智术师们搏斗。布鲁姆从自己的老师施特劳斯那里懂得：

> 就算人们真的不需要绝对意义上所讲的政治哲学，只要某种错误政治教导会危害某种合理的政治行为，人们还是需要政治哲学。如果芝诺未曾否认运动的真实性，就没有必要去证明运动的真实性。如果智术师们未曾破坏政治生活的基本原则，也许柏拉图就不会被迫精心营造他的《王制》。③

---

① 参见 Allan Bloom / Steven J. Kautz 编，*Confronting the Constitution: The Challenge to Locke, Montesquieu, Jefferson, and the Federalists from Utilitarianism, Historicism, Marxism, Freudism*, Washington, DC, 1991。
② 参见 Michael Palmer / Thomas Pangle 编，*Political Philosophy and the Human Soul: Essays in Memory of Allan Bloom*, Maryland, 1995。
③ 施特劳斯，《苏格拉底问题与现代性》[增订本]，前揭，页 125。

布鲁姆绎释经典有两个显著特色：首先，以绎读文学经典为主。34 岁那年，他就出版过《莎士比亚的政治学》（1964）。第二，其文风表明他不是为学院人写作，而是为普通大学生甚至知识大众写作——这意味着布鲁姆自觉地在做反向启蒙教育。

西方文史上的经典大家很多，布鲁姆主要绎释的是柏拉图、莎士比亚和卢梭的作品。可以推想，他选择这三位伟大的西方经典作家，与他思考自己的国家的政治生活品质息息相关。更明确地说，布鲁姆尤其关注古典作品中的"爱欲"主题，想必与美国大学上世纪 60 年代经历的"文革"有关。这场"爱欲解放"或"激进民主"运动爆发时，正在康奈尔大学执教的布鲁姆才 30 多岁，他所经受的思想冲击恐怕不亚于我们所经历过的"文革"。美国的"文革"历时不长，其后续影响却未必逊于我们的"文革"。两种"文革"固然不可同日而语，却有着共同的品质：爱欲的民主化。由于"文革"后的中国更坚定了拥抱美国式"文革"理想的决心，布鲁姆对西方经典的绎读在今天也适合我们的脾胃。

2016 年 10 月

追仿怀瑾握瑜的教化
——关于古典教育的访谈两则

[题记] 2015年元月十日,华夏出版社/华东师范大学出版社在中国人民大学逸夫会堂联合举办了"经典与解释"系列丛书出版350种纪念学术研讨会。在此之前,我接受了北京《三联生活周刊》的访谈(刊于《三联生活周刊》2014年12月28日),会后又接受了《新京报书评周刊》的访谈(因篇幅所限摘要刊于《新京报书评周刊》2015年2月14日)。两次访谈的主题都是古典教育和古典研究,现将两篇访谈合在一起。《新京报书评周刊》的访谈,这里刊发的是全文,并复原了原访谈稿的顺序。

《三联生活周刊》访谈

三联生活周刊：你在新千年之初主持的"经典与解释"丛书在中国学界产生了很大影响，听说迄今已出版360多种，近两三年内待出版的选目也有100余种。应该说，"经典与解释"是你用心最多，用力最久的一套大型丛书，业内人士自然会将"经典与解释"与"汉译世界学术名著"作比较，你能否谈谈两者之间的不同？

刘小枫：这两套丛书没法比较，因为商务印书馆的"汉译世界学术名著"丛书是我国自晚清以来第一个最大、最见系统的西学翻译工程，对推进西学研究居功至伟，无论在今天看来有何种欠缺。第二，"汉译世界学术名著"丛书是自民国时期以来数代中国学人辛勤劳作的结果，凝结了数代学人的心血和心志。要知道，无论在民国时期还是新中国最初的20年，从事西学翻译的人远不如现在这样多，生活条件也远不如现在这样好。我向来珍惜民国时期和新中国初期的翻译成就，多年来积极促动重刊这些成就，哪怕有这样那样的不足，比如，我们曾校订重刊过三十年代翻译的柏拉图对话，王以铸先生在新中国成立初期翻译的大部头《罗马史》和《东方史》，也是我推荐重印的。

第三，"汉译世界学术名著"是国家行为，是国家担纲者的文明规划之一，气魄宏大。尽管囿于人力有限，却能够尽最大可能集中人才搞点儿像样的西学经典翻译。改革开放之后，一切都市场化、商业化了。无可否认，文化乃至学术因此而出现了空前繁荣，但也失去了方向。"经典与解释"系列不是国家行为，甚至没法得到国家项目的经费支撑。当年北京三联的"文化：中国与世界"丛书同样如此，都是个人行为，规模与"汉译世界学术名著"相比差得太远，根本没法相比。

三联生活周刊："经典与解释"与"汉译世界学术名著"不同，着眼于从复兴古典的视域选书，为什么？

刘小枫："汉译世界学术名著"是全面规划，从西方古代到现代的学术经典，都在规划范围之内，只是由于时代和人力所限，未能全面展开而已。如今我们做的是接续前人的工作，着重于古典，是因为过去在这方面积累太少。八十年代以来，整个西学研究和翻译都转向了现代西学。原因很简单：从前搞古典西学不至犯禁，现代西学则被视为资产阶级反动、腐朽的东西。这方面国家并没有全然禁止，而是有控制地组织翻译，为数不多，而且内部发行。改革开放以后，学界的注意力自然而然都转到这些违禁品上去了。我们注重古典，不过是要弥补偏颇：一方面进一步积累西方古典的翻译，另一方面也平衡一下片面追逐当代西学的状况。

三联生活周刊：自2002年华夏出版社首次推出"经典与解释"，这套丛书已经坚持了13年之久，实属不易。但一种质疑声音一直不断，即"经典与解释"的选目太过局限于某家某派，施特劳斯派的气味太浓烈……

刘小枫：我也听到过这样的说法："经典与解释"的编译

取向有过于明显的施特劳斯派色彩,给国人一个片面的西方古典学术面目……其实,这种说法不对。说它不对,首先因为,"经典与解释"的编译取向虽然以施特劳斯派的经典解读为主,但没有拒绝其他解释方向。当今西方古典学的主流是人类学方法,我们也有,比如《神话之艺》、《双重束缚》,比如即将面世的《希腊古风时期的真理大师》。老派的古典研究取向我们也没有忽略,在"柏拉图注疏集"中,上有施莱尔马赫、下有葛恭的解读。已经出版的两种对但丁《神曲》的解读,就不是施派的。施特劳斯学派的解读并未覆盖所有西方历代典籍,比如廊下派,比如新柏拉图主义,但我们有"智术师集"、"廊下派集",还有"斐奇诺集"等子系列……总之,"经典与解释"的编译取向并没有拒绝其他西方古学研究的方法和方面。我们人力有限,没可能什么都做,但我们视野不限,只要能找到合适的译者,任何有学术价值的经典绎读,我们都乐意做。

再者,施特劳斯倡导的重读古典的确在西方学界开出了一派风气,使得西方的古典研究走出了故纸堆式的研究,古代经典在当今重新焕发出富有生命力的精神力量。如此古典研究取向可以说在西方学界仅此一家,别无分店,谁能给我指出还有与此并驾齐驱或哪怕稍微旗鼓相当的另一家、另一派吗?弗拉斯托斯(Vlastos)的柏拉图研究在古典学界很牛,带出好几代学生,韦尔南(Vernant)的古希腊文化研究在古典学界也很牛,简直就是古典学界的教皇,但他们的影响力越出了古典学界吗?贯穿了整个西方文史的大脉络吗?就基于从古到今整个西方文史大脉络连贯地解读西方历代经典而言，实事求是地说，迄今为止在西方学界仅此施特劳斯派一家。这个大脉络甚至包括西方学界长期忽略的中古阿拉伯经典，比如我们推出的阿尔法拉比和阿威罗伊的柏拉图义疏和亚里士多德义疏，比如我们即将出版的《天方夜谭考》，等等。既然仅此一家别无分店，"经典与解释"的编译取向带有明显的施特劳斯派色彩，有什么好奇怪？或者说，有什么不应该？因此，所谓"太过局限于某家某派"的说法，并无道理。

三联生活周刊：今天的翻译界可套用狄更斯的一句话：这是一个最好的时代，也是一个最坏的时代。好的是翻译作品多，翻译人才多，坏的是翻译成了语言加工厂，翻译门槛低，粗制滥造，鱼龙混杂，误人子弟。

刘小枫：这种说法即便不是泛泛而论，也欠公允，如果是泛泛而论，就说得上言过其实了。就整体而言，尤其历史地来看，晚近20年，我国学界出现了前所未有的翻译热潮，取得了以往任何时候都无法相比的成就，这是许许多多译者辛勤劳动的成果。源远流长的华夏文明面临西方现代商业文明的致命挑战，必须了解西方，必须大量翻译。但在二十世纪，我们的国家耗费了大半个世纪的岁月来应对因改制导致的内乱和抵御外敌入侵，文明重建所需要做的基础性学术工作无从谈起。因此，近20年的翻译热在我看来是恶补。如果比较一下日本甚至韩国的西学翻译，就可知道我们的差距实在惊人。二十世纪九十年代初我在欧洲念书时，有来自韩国的同学。我在他们的宿舍看到，凡学业中需要用到的西方历代典籍，竟然都有韩文译本，让我大为吃惊……有日译本我不会吃惊，有韩文译本的确让我吃惊。

既然是恶补，参与的人多，质量参差不齐，并不奇怪。但如果因此而把近30年来的学术翻译一棍子打死，就没道理了。何况，据我看，晚近十年来，许多出版社出版的学术类翻译，译品越来越好。总体上讲，学术翻译界在长进，而非退步。

三联生活周刊：有人说，中国翻译界最突出的问题是：总体汉语水平低下，与二十世纪的许多翻译大家相比差距很大；二是该引进什么，不应该引进什么，没有想明白。

刘小枫：这话也欠公允。任何时代，"大家"都是极少数，我们怎么能要求在短短20年就产生出一堆翻译"大家"？我读过不少民国时期甚至新中国初期的译本，总体而言，相比之下，如今的学术翻译的汉语水平不是更低，而是更高。至于说到该引进什么不应该引进什么，二十世纪的许多翻译大家未必就想明白了，有些翻译大家所翻译的书，如今根本没人要读，也的确不值得读……再说，想清楚该引进什么不应该引进什么，绝非容易的事儿，这需要眼光，更需要艰难的思考。过去的翻译大家未必想明白了，如今的我们也未必想明白了，都无须责备，重要的是，我们的确需要不断认真考虑该引进什么、不应该引进什么。毕竟，人文学术的翻译，从根本上讲是在引进理念或观念。接受理念意味着接受这种理念带来的结论和后果，也意味着将用什么理念去教化下一代。在今天，对于我们这样的文明国家，该引进什么、不应该引什么，学界应该有远见和有所担当。

三联生活周刊：有些读者诟病"经典与解释"的一些译本质量，还有人说，很多译者并不知名，多为初出茅庐的博士生，他们在学术上的历练以及积累也许还远远不够，他们能否担负起精准翻译的重任？你怎么看待这样一些说法？

刘小枫：这些说法并不靠谱。公允地说，如今的翻译成就，相当程度上幸赖于八十年代末开始建立的博士生制度。没有这样的制度，我国的翻译事业根本没可能在短期内取得如此丰富的成就。仅就我熟悉的哲学典籍翻译而言，如今的翻译大家如李秋零教授、孙周兴教授、刘锋教授、熊林教授、黄瑞成教授，哪个不是初出茅庐的博士生时就开始翻译？冯克利教授已经算得上翻译大家，但他没有博士学位啊。他们的可贵在于，当了教授还在翻译。显然，这样的名家确实凤毛麟角。由于如今教育部的错误规定，人文学术翻译不算科研成果，如果不是庞大的博士生行列里不断有人从事翻译，我们会有现在这样可喜的人文学术翻译局面吗？上个世纪的"大家"们在开始翻译时个个都是名家，个个都是博士？

我的主张是，翻译应该与研究结合起来，这是所谓"精准翻译"的基础。"经典与解释"的一些译本质量的确有问题，但哪个学术翻译丛书的译本全无问题？看看王扬的《理想国汉译辨正》，他辨正的译品是商务版和人民版的……我在香港任教时，有个教授朋友经常在报纸上写文章挑翻译硬伤，这本是在做功德事，但他喜欢挖苦译者。后来他自己也主编了一套译丛，我收到他寄来的赠书不到三分钟就看到明显的常识性硬伤。我给他打电话说，如果有人也写文章来挖苦你，你就知道你自己的德性不地道了。学术翻译是所有从业者的共同事业，应该基于相互帮助甚至相互扶助的态度来展开批评。带有这种态度，哪怕是站着说话不腰疼的挑毛病也值得欢迎。

三联生活周刊：你这些年所推动的重拾古典，不仅是西方古典，"经典与解释"丛书还陆续推出了"中国传统"系列，这是基于什么考虑？

刘小枫："经典与解释"计划不仅要复活西方古典的生命力，也要复活中国古典的生命力。我们的古传经典一直都有生命力，即便在受到糟蹋性批判的二十世纪。改革开放以来，我国的古传经典逐步重新获得应有的敬重，古籍整理和古学研究的成就都相当可观。"经典与解释"丛书的"中国传统"系列加入到这个为中国古学恢复名义的行列，愿意为此尽自己的绵薄之力。

我们的意图首先是，发掘更多的历代解经宝藏。迄今为止，古籍整理和重刊，大多停留在历代基本典籍，没有关注历代积累下来的大量经典注疏。在"四库"里面我们可以看到，这样的历代注疏非常之多，未必不如当今的注疏。可是，这些古疏只有专业学者在用，而且用得不多，我们希望开掘这个宝藏，已经付排的《宋人经筵诗讲义四种》、北宋陈景元的《道德真经藏室纂微篇》、清人宋翔凤的《论语说义》就是例子。正在校注的《唐玄宗御注道德真经并疏》和《宋徽宗道德真经解义》甚至让我们看到，古代皇帝也读书，并非像如今的某些自由主义智识人说的那样，所有皇帝都不学无术。

此外，古籍整理和重刊方面还有不少长期受忽略的珍品，我们推出的"方以智集"就有首次点校出版的文献，要知道，方以智是明清之际的人物……又比如已经付排的宋代范祖禹所撰《帝学》，辑录了中国古代帝王的崇学事迹，尤其对宋代经筵讲读中的君臣问答多有记录，既是一部帝王问学简史，也是研究宋代皇帝教育的重要文本。西方近代绝对王权政制时期，出现了一些著名的关于君主制的理论著作。我国有源远流长的君主制－贵族制混合政制传统，相关的理论典籍其实很早就有，而且不少，却少有人关注我们自己的君主制理论著作。《帝学》这样的书让我们看到，这方面的历史文献其实源远流长。

　　三联生活周刊：你觉得应当如何复兴中国自己的经典及解释的传统？

　　刘小枫：复兴的方式很多，我想要做的是普及古代学术典籍的工作。新中国成立以来，我国古典学界在普及古典文学方面做了不少有益的尝试，比如难词出拼音、附简注，等等。但这主要限于十三经以及诗词文赋之类的文学作品，没有普及到更为广泛的学术典籍。我们的"中国传统：经典与解释"系列要求所有典籍都采用普及本形式，便于文史专业之外的学生阅读。对于文史专业出身的读者来说是常识性的文史知识，我们也要求出注，因为我们做的书不是给文史专业人士看的。又比如注释方式，短短一篇骈文往往会有几十甚至上百个注释，以往都采用尾注，需要前后翻越，让人读起来很不方便，我们恢复古式的随文附注，方便得多。总之，我们希望古书走出专业文史的善本室，让普通大学生和人文爱好者也可以当闲书读着玩。难字出拼音、随文附注等,都是为一般爱好者提供阅读方便。

  三联生活周刊:这些年来,你和甘阳一直不遗余力推动古典教育,究竟出于什么意图?

  刘小枫:2001 年,在美国苦修十年的甘阳第一次回国,我碰巧与他同行。在上海时,上海三联书店的老编辑倪为国请我和甘阳在"新天地"喝啤酒,他问我们是否愿意再做丛书。甘阳说,他要做的话就要做一套"西学源流",我一听,这是当年八十年代的劲儿又来了。这个丛书名显露了他的学术战略眼光,旨在展示西方学术从古代到现代的来龙去脉,其意图你可以在丛书前言中看到,而且很快他就开出了一个近百种的书目,其中大量是西方的古典。这套书在你们北京三联出版,由于甘阳近年来全副身心在经营博雅学院,这套书进展缓慢。

  我的心愿没他那么深谋远虑,做一套"经典与解释",仅仅想涵养自己,同时填补学界的一个空白。这次在上海的闲聊是"西学源流"和"经典与解释"的起点,我和甘阳并未事先商量,临时说起而已。因此,复兴古学是我们不约而同的心愿,或者说在西方学习的结果。在巴塞尔读书时,上希腊文和拉丁文课读了一些经典片段,我就深深迷恋上了西方的古典作品。那个时候,我并不知道施特劳斯的大名。当时在读书之余写过几篇短文,比如评张志扬的文章和后来发展成书的散文"沉重的肉身",就"秀"了一些古希腊文和拉丁文佳句,都是古典语文课上学来的。但这仅仅是质朴的喜欢,并没有真正懂得古典的现代意义究竟何在。后来施特劳斯开启了我的眼力，使得我不仅对西方的古典，而且对中国的古典有了真切的理解。要说推动"古典教育"究竟出于什么意图，简单说来，就是出于对古典的热爱和信赖。

三联生活周刊：依据你的阅读经验，能否请你给年轻人推荐十本你认为必读的经典文本及理由。

刘小枫：这事不容易……年轻人有各种各样的，不同的年轻人恐怕需要读不同书，我没法笼而统之地推荐十本必读的经典文本。读书这件事情，个体差异太大。我只能说，只要是古代经典都值得读。现在的问题不是读哪本经典，而是有没有热情读经典。

三联生活周刊：好吧，能否问问你近期阅读的枕边书目，可以透露一下吗？

刘小枫：柏拉图的四本书，《普罗塔戈拉》《会饮》《斐德若》《斐多》。但它们不是近期阅读的枕边书，而是多年来的枕边书。我重新翻译了这四部书，将以"柏拉图四书"为题由你们三联书店出版。我还将分别绎读这四书，总题"柏拉图四书绎读"，分别题为《民主与教化》《民主与爱欲》《民主与修辞》和……算啦，最后一部的书名暂时保密。

三联生活周刊：很期待啊……为什么"柏拉图四书绎读"的书名都有"民主"一词？

刘小枫：我们不是身处唯尚西方自由民主的时代吗？苏格拉底是西方人，他却认为自由民主并非优良政制，倒是靠近最坏的僭主制。但他自己碰巧生活在雅典民主时代，他该怎么办呢？他并不认为多数人同意的就是正确的，他该怎么办呢？他觉得，雅典人对待日常事务蛮聪明，懂得有病找医生，盖房子找建筑师，偏偏在城邦治理问题上违背常识，让所有人都发表意见，有如今天的普选或公投，简直匪夷所思。难道治理城邦比治病或盖房子更容易、谁都能参言，而非更难得多、更需要德性优异的至人？这样的问题我非常感兴趣。苏格拉底最终被民主政制的法庭判了刑，他接受了判刑，但没有接受自由民主的法理。苏格拉底自认为没智慧，我们却自以为比苏格拉底有智慧，这也让我觉得匪夷所思。柏拉图传世的 36 篇作品中，有 7 篇与苏格拉底被判刑直接有关。与民主政制问题直接相关的作品就更多了，而且在篇幅上更多，大部头的《王制》（又译《理想国》）和《法义》就是例子。我把直接与民主政制问题相关的三个中篇对话与记叙苏格拉底临刑前最后一天的对话合为四书，意在突显苏格拉底的生死与民主政制的纠葛：自由民主文化的品质是优是劣，是个悬而未决的问题，而非已成定论的普世价值。我的意思是，在唯尚西方自由民主的时代，我们需要新的"四书"。

《新京报书评周刊》访谈

新京报：刘老师，终于有机会和您聊聊。我看了"古典西学在中国"的专题资料，想请您谈谈古典西学和古典教育……

刘小枫：看来你事先为这次专访做了文案功夫。你想要谈的话题，我已经在不同场合说过许多，恐怕不一定会说出什么新东西。

新京报：在"西方传统：经典与解释"这套书中，为什么要强调译介西方传统经典的"整全"？比如，您提到"惜乎我们迄今尚未有较为整全的汉译尼采著作集"。

刘小枫：你知道，我国学界引介西方典籍仅有百多年历史，而且有两个时代特点。第一，西方的坚船利炮胜过中国才促使国人翻译西方典籍，因此，在选择典籍时，一开始难免带有较强的实用目的。第二，内乱和外敌入侵使得我国学人长期缺乏安静的处境从容审视和认识西方文明的整个传统。严格来讲，改革开放后的前15年，我们也缺乏这样的处境和心态。直到九十年代中期以后，我们才渐渐开始致力树立从容心态，这并不容易，因为这需要我们走出自己的旧"我"。强调"整全"地认识西方传统经典，首先需要我们有从容心态。这意味着，对我们自身的文明传统既不张皇失措地自卑，也不莫名其妙地自傲……

新京报：国人常强调中国传统经典的重要性，但对于西方传统经典，相对来说较有隔膜。在您看来，对西方传统经典的隔膜乃至陌生，结果会怎样？

刘小枫：前面说过，我国学界与西方文明的接触具有的时代背景是，我们遭遇西方现代商业科技文明的全球性扩张时，才真正开始积极了解西方文明。西方的现代文明与西方的古代文明有明显的断裂，否则我们很难理解西方的"文艺复兴"、"古今之争"、"启蒙运动"等一系列近现代文化事件。对西方传统经典的隔膜乃至陌生的直接结果会是，我们看不到西方现代文明与西方古代文明之间既断裂又承继的关系。这样一来，即便我们强调中国传统经典的重要性，也往往不得要领。

新京报：在西方社会进入后现代以后，据说西方古典仍然在发挥作用。问题是，如何发挥？

刘小枫：古传经典提供的不是实用性知识，不会发生时效性作用。就像大学中的学科，如果谁学的是经济学、法学、行政管理学，他学的知识会发挥时效作用；但如果学的是文史哲，他学的知识能发挥什么时效作用，如何发挥时效作用呢？如果说西方历代经典仍然在西方社会中发挥作用，恐怕首先在于锻造优秀青年的心性，使得他们的灵魂和眼界不至于被现代的各式实用技术性知识拖入眼前的实际利益。反过来说，有了高尚的品格和高远的眼界，即便从事的是技术性工作，也不会唯利是图。在我们的国家也一样，据说有些高科技企业用高薪挖军工界的高科技人才，这些人才就是不去，就是例子。

新京报：当前，西方的古典传统与西方的现代社会是什么关系？大学扮演着什么样的角色？

刘小枫：我们的"经典与解释"丛书中的"古今丛编"系列刚刚出版了一部译文集《大学与博雅教育》，从中你可以看到，二十世纪二战结束之后的芝加哥大学校长以及他提倡的"博雅教育"培育出来的一些有古典眼光的学者如何看待西方的古典传统与西方现代社会的关系，以及大学应该扮演什么样的角色。与其让我在这里回答这个问题，不如读读这本书，看看西方名牌大学的校长和教授们自己怎么说。

新京报：对于古典传统，我们流行的做法是对古典进行解释，以符合现代社会。甘阳认为，这样做是"先天性地认定现代社会是好的"，从而导致对现代社会"没有一种具有相当深度的批判力"。对于这一做法，您怎么评价？

刘小枫：以符合现代观念的方式解释古典，并非晚近才流行起来的做法，而是大半个世纪以来的习惯做法。今年是"新文化运动"百年，这个"运动"就是否弃古典。但"新文化运动"兴起后，很快就出现反弹，出现了论争。颇有影响的反弹之一就是：以符合现代观念的方式重新解释古典。熊十力就先天性地认定现代民主政制是好的，我在《共和与经纶》一书中有过详细考察。他以及他的学生如牟宗三、徐复观、唐君毅等现代新儒家代表人物在重新解释中国古典时，都力求符合西方现代民主政制的理念。在九十年代以后出现的"新－新儒家"那里，乃至在当前的"新－新－新儒家"那里，我们仍然可以看到这种解释模式。

新京报：在这种情况下，我们重新解释古典传统，目的是什么？

刘小枫：对我们来说，非常困难的是要认识到，不仅我们中国的古典传统与现代西方所追求的民主政制文化在品质上根本不同，西方的古典传统同样如此。十七世纪末至十八世纪中期，欧洲知识界爆发了一场持续大约半个多世纪的"古今之争"。这一事件不仅是文艺复兴与启蒙运动之间的连接，而且标示出现代西方文明史的基本格局。迄今为止，西方学界人士大多还以为，古今之争仅仅是文学艺术原则或广义的学问原则之争。实际上,古今之争更关涉古代文明与现代文明的优劣,是古今政制原则的优劣之争。古今之争不仅使得西方国家中甚至有共同学问基础的知识人分裂,也使得整个基督教欧洲知识人共同体分裂。尤其引人注目的是古典学知识人的分裂,一些研究古典的知识人真心实意地心仪古典,另一些则以专找古典这样那样的不是为己任。比如,那个比沃尔夫早大半个世纪提出"荷马问题"的奥比纳克神父(Abbé François d'Aubignac),他的《伊利亚特》考据研究(1715年出版)为的是证明历史上根本就没有荷马这个诗人。奇妙的是,这类人在西方被视为现代古典学的先辈或文本考据学的前驱。比如十七世纪末十八世纪初的伦敦古典学家沃顿(William Wotton)和皇家图书馆馆长本特利(Richard Bentley),整天浸淫于古书,做考订的功夫很好,心性上却并不服膺古书,而是服膺现代观念,古书在他们手上不过是一件技术活儿的修理对象。热爱古典的斯威夫特当时就尖锐嘲讽过这两位古典学家,谁如果上高中时读过《木桶的故事》,他一定会知道。总之,十六世纪以来的宗教改革已经导致基督教欧洲各国出现内部分裂,古今之争不仅加剧了分裂,而且使得分裂更为错综复杂。我国的新文化运动也引发了中国的古今之争,但没有充分展开,以至于我们对古今之争还缺乏明确的自觉意识。

　　新京报:您提出,"我们应该建立中国的古典学,以取代'五四'以来流行的'国学'"。这种打上引号的"国学",具体是什么?为何要取代?

　　刘小枫:"国学"这个名称有些奇怪,也很含混,起码很难在国际学术环境中使用这个名称。不过，用"中国古典学"取代"国学"这个名称，并非仅仅为了让我国的古典研究在国际学术环境中具有沟通能力，更重要的是彰显古今之争的学术格局。毕竟，古今学问之争在西方学界迄今仍处于僵持状态，而且看来还会继续僵持下去。中国的古典学应该而且能够参与到这场文明战争之中去。

新京报：这几年，已有多所大学建立了古典学研究中心，开设古典学课程，甚至招收了硕士生、博士生。要真正建立中国的"古典学"，目前最大的障碍或者说难点在哪里？

刘小枫：谈不上有什么障碍，最大的难点也许在于缺乏建制性支持。无论新中国建设初期还是改革开放以来，我们都可以看到，文明建设应该是国家行为。如果由国家出面统筹安排，事情就很容易。晚近十余年来，西方国家坚持对华武器禁售，迫使我国只得采用自力更生的老办法，结果成就斐然，令人振奋。与此不同，在文明建设方面，西方国家不仅不会禁售他们的"普世价值"观念，而且一直在积极推销他们的政制观念及其与之配套的一系列文教制度。在这方面，国家行为的指导原则十多年来都是众所周知的"与国际接轨"。这样一来，要建设中国的"古典学"就很难得到国家的支持，除非与西方的古典学接轨。这些年来，甘阳主持的"博雅学院"和我主持的微型"古典班"，实际上都是个人行为。这种行为得碰运气，如果不是偶然遇到明智且有远见的大学校长或院长，也会一事无成。我从南方转到北京任教，就是因为人民大学文学院领导愿意为我搞本科古典班提供一方小园地。

新京报：听说您还被推举为"长江学者"，但评上后又被取消了，这事学界曾一度议论纷纷，究竟怎么回事？

刘小枫：我没有主动申请过"长江学者"项目，人民大学文学院领导为了支持我的"经典与解释"翻译计划，坚持要替我申报这个项目。"经典与解释"翻译计划经营十多年来一直缺乏最为基本的编辑经费，运作艰难，我最后同意了申报。如你所知，教育部公示我的申报通过了评审。后来又被取消，听说是因为人大文学院一位研究马列文论的退休教授通过私人关系给上面写信，说我长期研究西方基督教文化，政治立场有问题……我从未与这位退休教授共事过，但他已经三次这样写信"告"我。我觉得奇怪，一打听才知道，他一直在以这种方式争取当"终身教授"。不过，我的"长江学者"项目因此被取消，让我感到庆幸，毕竟，2013 年的那个所谓"新国父论"事件之后，评审结果才出来。幸好项目被取消，不然坊间会以为与事件有什么关系，难免谣言四起。所以，那位退休教授"告"我，我真还感谢他哩。

新京报：对您来说，刚刚过去的 2014 年可以说是在风口浪尖上度过的。您在大学校园读书会上谈百年共和的演讲被理解为提出了"新国父论"，引发空前争议，以至于从不参与这类争议的您亲自出面澄清缘由。回过头去看，您如何评价这一系列事件？

刘小枫："引发空前争议"的说法恐怕不确切，事实上没有引发争议，倒是引发了据说"铺天盖地"的口诛笔伐，让我经历了一次网络时代的"文革"式大批判而已……我向来躲避你所谓的"风口浪尖",但人生充满偶然,很多事情都出乎意料,没法避免会撞上个什么罕见之人。我在大学读书会上讲的是学术问题,由于偶然原因被弄到网上才成了"事件",否则也不会成为什么"事件"。不过,偶然的事情来得快,去得也快。

新京报：近年来,您总是引发争议,比如引介施米特就不断引起异议。前不久还有人写文章说,施米特使刚进入政治哲学的年轻人变得"杀气腾腾",您如何看?

刘小枫：你指的是一个月前也就是去年12月初的一篇网络文章吧……我引介施米特在国内学界引发的异议早已停歇多年,突然又出现一篇攻击性文章,我也觉得奇怪。但回头一想又不奇怪,因为,12月初,我主编的"施米特文集"第三次再版。书刚上市,网媒上就出现攻击文章,真让我高兴。"施米特文集"在2004年首次出版时,得到学界广泛接受,第二年就重印,重印后又很快断版。如果你查看一下全国大学论文网站就可以看到,自2004年以来,在核心期刊上发表的涉及施米特的学术论文已经多达近四百篇,其中近百篇以施米特为题,博士论文也已经有近十部。可见,施米特的著述是有分量的学术遗产。不怕不识货,就怕货比货嘛。有法学界的朋友告诉我,如今我国宪法学界出了一个"政治宪法学派",化用的就是施米特的宪法学说。凡此可见,施米特的学术思想已在我国学界得到相当程度的接受。施米特以批判自由主义的议会民主制闻名于世,他的论著在我国学界广为传播,自由派掌控的媒体对我恨入骨髓,说明他们在学术上欠缺从容心态……急什么呢,慢慢看书吧。

二十世纪的西方古代史学泰斗莫米里亚诺说过,当代西方学界一直有个怪癖,那就是用各种学者的八卦代替对他的学术评价,比如用谈论古史家霍斯曼(Housman)的同性恋倾向代替对他校勘疑难古书所取得的成就的评价,用谈论古典学家维拉莫维茨(Wilamowitz)与其岳父蒙森(Mommsen)的乖张关系代替对他就古希腊典籍所做的杰出识读的评价,用批评迈耶尔(Eduard Meyer)在第一次世界大战期间的政治立场代替对他识读埃及大象岛出土的莎草纸古籍的出色功夫的评价。同样,施米特的学术著述绝大多数写于1933年之前和1936年之后,一些西方学者只会拿施米特在1933年至1936年期间的事情说事。而且,即便在说这件事情时,也毫无学术水准可言。比如,纳粹政权从未封过施米特"桂冠法学家",这个名称是当年流亡瑞士的反纳粹人士用来挖苦施米特的,意思是,施米特在纳粹上台前是个众所周知的反纳粹分子,纳粹上台后又与纳粹政权合作,于是用这个名称来讽刺他。这件事情本身表明,施米特在1933年至1936年的政治参与是非常复杂的事情,值得研究,即为什么施米特在纳粹上台前公开主张对纳粹党施行党禁,纳粹上台后又与纳粹合作,3年后又被纳粹解职,还差点儿被送进集中营?这本来可以是我们借以认识历史问题的复杂性的一个很好的个案,有人却宁愿让自己脑筋简单。又比如,希特勒被任命为总理时,德国是自由民主宪政,自由派知识人却不敢从学理上去追究自由民主宪政任命希特勒当总理的罪责。二战之后,美国为了让日本成为抗衡俄国和中国的前沿，积极扶植老牌法西斯分子重返日本政坛，这事也没见到自由派学人去追究。蒋中正崇拜而且模仿希特勒，而我们的自由派知识人则无限崇拜蒋中正……可见，他们看任何政治问题都不从学术上去思考，只有意识形态姿态。海德格尔也与纳粹执政初期有瓜葛，我国学界大力译介海德格尔却不会受到攻击。译介施米特会受到攻击，不外乎因为施米特揪住了自由主义政治理论的软肋，自由派知识人坐不住合情合理。

一方面，"施米特文集"卖得很好，另一方面，自由派知识人又不断攻击我，两相比较，表明只习惯"政治正确"而不习惯思考问题的知识人毕竟是极少数，认真读书想问题的知识人是大多数。这些极少数人害怕大多数读书人读施米特，所以，"施米特文集"第三次重印，自由派掌控的传媒在网上发文章攻击，我感到高兴，因为这证明我做得正确。现在的"施米特文集"并非仅仅是重印，还扩充了选题。毕竟，还有大量施米特的重要著述没有译介。

其实，对自由主义法学的批判，仅仅是施米特重要著述的一部分而已，集中在1932年以前。三十年代末期以来，施米特转向了另一涉及西方文明史的重大问题。他提出有两个欧洲文明：传统的基于土地和农民德性的欧洲文明与现代的基于海洋和海盗习性的欧洲文明。二十世纪的国际政治冲突，本质上是欧洲大陆的老传统与靠海洋贸易发家的英美新传统的冲突。战后法国和德国的一些大政治家深受这一文明史观的启发，比如，曾先后出任德国防长和总理的施密特在回忆录中说过，二十世纪七十年代初，他与法国总统曾商议联手支持中国崛起，共同抗衡海盗习性的霸权。显然，我们不能说施米特总理是反自由主义分子，毋宁说，他是头脑清楚的自由主义者……我们的"施米特文集"中有一本名为《施米特与国际战略》的书即将付印，作者曾长期出任德国总理的首席军事顾问，从中我们可以看到，施米特的思想迄今是欧洲大政治家战略思考的指引。作者相信，施米特的国际政治思想对现实政治的解释极具启发。我甚至觉得，施米特的好些论著一直是西方大政治家的家传读物，从了解西方的角度来讲，我们也应该多译介。美国学界眼下不就在积极翻译施米特在二战期间发表的有关"大空间"和国际战争新形式的理论著述吗？如果我们仅仅看到施米特对自由主义的批判，就眼界过于狭窄。

新京报：您引介施特劳斯也引发争议，比如有人说您大力译介"施派"的古典解读是误导读书人……

刘小枫：12年前，我写过一篇论文，比较海德格尔、德里达和施特劳斯对同一篇柏拉图对话《斐德若》的解读。通过比较我得出这样的结论，施特劳斯的古典解读有一个基本特色，那就是注重体会古典作品自身所传达的高贵德性，从而是怀瑾握瑜的解读。这种对古典的态度明显比海德格尔的现象学解释学式解读和德里达的解构主义式解读的态度端正。所谓"施派"的古典解读，就是追仿施特劳斯本人怀瑾握瑜的解读。我们大力译介"施派"的古典解读也是要追仿怀瑾握瑜的阅读德性，正大光明，有什么不对？你提到"有人说"译介"施派"的古典解读就是"误导读书人"，如果真有那么回事，你就不妨请"有人"拿出自己的看家本领，写篇见功夫的学术论文具体指出施特劳斯的经典解读问题在哪里,就像我指出海德格尔和德里达的问题在哪里,摆事实讲道理嘛,让学界广大同仁一起来探讨。天底下"读书人"那么多,他们都有自己的脑子,没那么容易被"误导"吧?8年前,我写过一篇文章题为《人类学的"欲望"与古典》,评一个时髦的西方人类学家的古典解读,指出他把古传经典当一堆社会科学史料,拿来为人类学式的欲望做辅料,这篇文章顺便还梳理了西方人类学式的古典学的来龙去脉。北大人类学系的王铭铭教授无意中看到了,不仅没攻击我冒犯了他的学科,还把文章要去收在他编的一个文集里,让他的同行们看。

自二十世纪八十年代以来,已经作古的施特劳斯在美国学界至少引发过三次大的"传媒"争议,第一次争议就涉及施特劳斯与古典学的关系。当时有一位研究古希腊哲学的古典学教授在《纽约时报》上撰文说,施特劳斯不过是"没有秘密的斯芬克斯",但他的弟子们却已经开始占据古典学界的地盘,随即引发争议。最后是美国古典学界搞古希腊哲学的权威之一弗拉斯托斯出来说,施特劳斯的影响力在古典学界没那么牛,才使得论争平息下来。这次论争很有意思,看起来是学术争议,其实起因之一是,施特劳斯及其弟子大多不是古典学专业出身,却致力于识读古典,极大地影响了古典学专业的年轻人,使得古典学专业的教授们觉得自己的"领域"受到侵犯。到了90年代,甚至美国的史学界也发出了同样的惊呼。十年前我读到一本翻译过来的讲美国所谓"复合共和制"的专著,作者在前言中抱怨,施特劳斯的弟子并非美国史专业出身,却已经占据了美国政制史研究的半壁江山。这种情形表明，施特劳斯开创的古典学风打破了现代式的专业学科划分，使得新生代学子开了眼界，懂得了学问之道应该关注文明政制的德性品质问题，而非成为现代式专业学科的奴仆。习惯于据守专业门户的学人当然会把这种学风视为可怕的威胁，毕竟，他们掌控着比如说古典系或者历史系或者哲学系这样的建制，生怕失掉自己的学术"政权"。连美国学界都有这样的争议，如果在我们这里也出现类似争议，并不奇怪嘛。值得庆幸的倒是，我国的古典学界或西方古代史学界中并没有美国古典学界或古史学界那样的心胸狭隘、食洋不化又自以为是之士，不然的话，我们这里也会出现类似情形。

新京报：当然，这些质疑声得分两类，一类是基本上没有仔细读过甚至没有读过施特劳斯的作品，他们的质疑可以说不入流，但另一类质疑声似乎研读过施特劳斯作品，他们的质疑声不过是反映了他们的困惑和意见……

刘小枫：我还没看到过有质疑者认真研读施特劳斯著述真见学问功夫的心得，据我的观察，质疑声反映的并非是什么困惑，而是在表达自由主义立场的政治情绪。有意思而且令人深思的是，这种情绪还是国际性的。自80年代我国学界大力译介现当代西学以来，从来没有西方的教授对我们说三道四，当我们译介施特劳斯时，美国的自由主义教授马上就开始发话，比如，哥伦比亚大学教授里拉（Mark Lilla）多年前在《纽约时报》上发表的短评《在北京阅读施特劳斯》，传诵一时。去年的美国古典学学会年会设立了一个"古典学在中国"的专题，芝加哥大学古典系的一位教授提交了专题论文，与里拉在多年前的品评遥相呼应，其学术水准如何，扫两眼就知道。去年9月，台湾东吴大学与台湾"中研院"联合举办了一个题为"中文世界的施米特与施特劳斯"的国际学术会议，参会学者主要是中国人，会议语言用的是英文。这个会议的基调是自由主义派学人济济一堂，共同声讨我引介施米特和施特劳斯。有个中文名叫马凯之的德国汉学家宣读了一篇题为"现代、专制和危机：施特劳斯在中国"的论文，声称自己与"中国的施特劳斯学派"有过亲身接触。这位长期在台湾任教的德国汉学家从我的著述中搜集了种种只言片语，然后对我进行政治性的"诛心"批判。他承袭民主与专制的二元区分，把施特劳斯学派定性为支持专制，由此得出这样的逻辑结论：刘小枫引介施特劳斯等于支持专制。这位德国汉学家不惜在论文中捕风捉影，造谣中伤，臆断我主持的翻译乃至参与重庆大学高研院建设与"出事"的政治人物有秘密勾连。一个德国学者啊，为文下作到如此地步，创下近年来谤文之耻的历史新高——用伏尔泰的话来说，这是"无知和荒唐的诽谤敢于试图一逞的罕见例子"。在台湾的政治语境中，他的做法当然会获得喝彩。遗憾的是，他最终证明的仅仅是他自己身上有一股子自由民主的政治习气。这种习气使得即便是开放的社会也无法确保思想的内在自由，反倒让真正意义上的思想自由蒙羞。其实，如果他真有学问功夫的话，认真读读我的《设计共和》，批判起来档次会高很多。

从里拉到马凯之让我们看到，西方自由派是一个国际联盟，哪里出现辨析自由民主的声音，他们就奔向哪里去制止。借此机会，我想告诉自由国际的里拉们，施特劳斯著述的中译本很受欢迎，好些书上市不久很快重印。《城邦与人》被北京三联书店买下版权，中译本迄今尚未见书，网上却已经有了两个中译本，都是译者为了自己学习而翻译的，一位是刚刚毕业的硕士生，一位则是退休多年的老教授，可见中国的老少读书人对施特劳斯的热爱。我还想通知国际上的里拉们，施特劳斯的第一个全集将是中文版，因为他的一些早期德文文稿尚无英译，我们已经全部翻译，好些英文论文和专著则尚无德译，我们也已经全部翻译。中国读书人自己有脑子去辨识西方学术中什么是精华什么是糟粕，无须自由国际的里拉们来指导。

新京报：我大致看了一下"经典与解释"几百本书的书名，看到有很多子系列，涉及面相当广，也相当深入，其实远远没有限于施特劳斯学派。阅读这些书是不是必须有相当于博士的水平，我们一般读者怎样进入？

刘小枫：我不知道你指的"一般读者"是谁……"经典与解释"的书有一个底线：是思想文化性的学术书，而非文化普及读物。一般而言，读者对象是大学本科生以上学历，但绝非必须有所谓博士水平。据我所知，"经典与解释"的读者中本科生和硕士生居多。思想学术基于兴趣，只要有这类兴趣，就可以找到自己的进入方式。反之，没有兴趣的话，即便是教授、博导，也不会看这类书。

如你所说，"经典与解释"的几百本书远远没有限于施特劳斯学派。但我仍然要说，即便我做的仅仅是推介施特劳斯学派的学术成果又怎样？谁不是在推介自己认为值得推介的学术？青菜萝卜各有所爱，太自然不过。谁要喜欢萝卜，也搞几百种出来，让广大读书人品尝，不是好事情吗？施特劳斯有三十多种讲课录音记录稿留下来，绝大多数是对某部古希腊罗马或近代经典的解读，非常细致，解读孟德斯鸠的《论法的精神》和《波斯人信札》的讲课记录稿就有五十万字之多。芝加哥大学的施特劳斯中心最近已经整理出数种录音记录稿，我们的古典文明研究工作坊已经获得翻译版权，将由华东师范大学出版社出版，这里顺便做个预告。

新京报：八十年代起，您自己的研究领域转战诸多，从本世纪开始，可能也应该说从您开始做"经典与解释"起，您的领域更多地在政治哲学，且不见再转战，只见扩大和深入。很多人在谈论您近年来书和文章的转向，也有很多臆测，能简单说说其中的原因和历程吗？

刘小枫：所谓"政治哲学"有两种含义，一种指的是哲学中的一个专业，比如就像逻辑学、伦理学或宗教学那样的所谓"二级学科"。另一个含义指的是古典式的学问方式，就political philosophy这个西文语词的原初含义而言，"政治哲学"的意思是：立足于城邦热爱智慧。如果就前一种含义而言，就有你所说的所谓"研究领域转战诸多"，如果就后一种含义而言，就并没有这回事。要说转变，唯一的转变就是从现代转向古典。我在九十年代做的基督教神学也是现代的，尽管这门学科很古老。反过来，即便现在我做现代的学问，立足点也很古典。这种转变基于一种领悟：古典式学问不仅比现代式学问高贵，而且比现代式学问高明。

再说，所谓"学术领域"的划分是现代的名堂，古典学问没有这样的划分。现代学人做学问，未必一定要按现代的方式做，也就是不要拘限于什么专业领域。施米特就是一个典型例子，他是法学家，但他的著述涉及神学、诗歌、戏剧、史学等等。所以，他在西方学界是公认的具有古典修养且以古典方式做学问的大思想家。

新京报："经典与解释"系列走到今天起了很强的普及作用，您认为能不能说今天学界的古典意识已经有了很大提高？

刘小枫：哪有这回事啊……"经典与解释"系列不会产生普及作用，只会起应有的象牙塔学术作用。我也不会去指望学界整个儿提高古典意识，没这个可能，也没那个必要啊。应该指望而且能够指望的仅仅是，让古典意识在整个学界有其立锥之地，与现代意识达成平衡。我并不是简单地反对现代意识或现代立场，而是反对片面或单面的现代意识或现代立场。我在九十年代中期完成的《现代性社会理论绪论》曾致力深入理解现代意识或现代立场，那些反对古典意识或古典立场的人花功夫深入理解过古典意识或古典立场吗？

新京报：年轻人在进入一个领域时，总是先靠已有的派别划分来定位自己的坐标。在现有的学术话语体系中，您愿意定义自己的派别吗？如果不愿意，具体原因是什么？

刘小枫：不是不愿意定义，而是没法定义。毕竟，现有的学术话语体系中的派别划分都是现代式的，无论左派还是右派、保守派还是激进派，都是从现代式政制构想衍生出来的。一个有古典意识的学人，对现代式政制构想始终心存疑虑，即便古典式政制构想也有种种缺陷。就像十七世纪末英国古今之争时期的崇古派代表人物坦普尔在《论古今学问》一文中一开始所说，现代作品很难取悦那些浸淫于古代典籍的人。既然浸淫于古典智识，何以可能在现有的学术话语体系中找到自己的派别呢。

新京报：尼采提到古典学展开的背景是"现代人生活在一个相当不道德的时代"。在如今这个被认为道德滑坡的时代，您译介西方传统经典，推动古典教育，是否也是出于一种道德隐忧？

刘小枫：是，但不仅仅如此。隐忧更多涉及有悠久传统的中国文明的未来走向，这需要更多年轻学子的承担。推动古典教育首先在于，让年轻学子有更为宽阔的眼界和从容的心态，如清末民初的著名学人皮锡瑞所说，培养"兼通中西之学，于古今沿革，中外得失，皆了然于胸中"的新时代栋梁之材。如果不推动古典教育，按现在的文科教育体制，何以可能让天素优秀的年轻学子"于古今沿革，中外得失，皆了然于胸中"？

新京报：当前，教育趋向实用、功利，撇开教育，从整个社会来讲，也是实用至上。您多次提到"平衡"，主张用教养教育来平衡实用技术学科，用古典教育平衡文科的现代取向。问题是，在这种社会环境下，平衡能达成吗？

刘小枫：古话说，事在人为。能做多少算多少，平衡能否达成，不是我需要考虑的问题，问题是：是否应该用教养教育来平衡实用技术教育，用古典教育平衡文科的现代取向。如果应该的话，只管埋头做事情就是，没必要在乎种种谤言碎语投杼下机。

新京报：尼采认为，古典学应起到"不合时宜的伟大作用"。从古典教育的角度来看，您如何理解这四个字——"不合时宜"？

刘小枫：现代文明是商业化文明，这种文明的品质按尼采的说法就是把所有人的灵魂往低处拉平。古典文明认定，人的灵魂有太多差异，包括低俗与高贵的差异。古典文明追求灵魂的高贵，因此，在现代社会难免"不合时宜"。所谓应起到"不合时宜的伟大作用"，指的是抵御现代商业文明把本来天生高贵的灵魂也拉平为低俗的灵魂。

新京报：据网上统计，改革开放后中国学界中主持编辑丛书最多的学者，您是第一人，从八十年代最早参与"文化：中国与世界"丛书，到目前主持"经典与解释"丛书，是什么动因让您投入那么大的精力主持这些丛书？

刘小枫：我主持的丛书并不多，更谈不上"最多"。"文化：中国与世界"丛书是甘阳主持的，严格来讲，我仅主持过两套丛书：九十年代在香港主持的"历代基督教学术文库"和新千年开始主持的"经典与解释"丛书。至于文集性质的丛书，如舍勒文集或施米特文集，都是个人文集，不能算真正意义上的"丛书"。你可能说的是我选编并组译的译文集很多，也许吧，我没计算过。在北大念研究生的时候，我就开始编译文集，现在还在编，已经有三十年历史，算得上业余老编辑。

至于为什么热衷编译文集，我想首先是因为我自己曾经受惠于学界前辈们编的译文集。比如，朱光潜先生主持编译的《从文艺复兴到十九世纪资产阶级文学家艺术家有关人道主义人性论言论选辑》，周辅成先生主持编译的《西方伦理学名著选辑》，洪谦先生主持编译的《逻辑经验主义论文集》，张竹明先生主持编译的《古代世界城邦问题译文集》，江天骥先生主持编译的《新马克思主义译文集》……这些文集让我学到不少东西。所以，在学习和研究过程中，我就经常想到应该把自己接触过的文献精选后编成译文集，让更多读书人分享。随着研究的不断进展，就产生了不少译文集，现在还在不断产生。最近几年我关注西方启蒙思想的源头，想搞清楚改变中国思想的西方启蒙观念的来源，又编了几部文集，比如《托兰德与激进启蒙》、《古希腊修辞术与民主政制》、《西方古典学与现代性》、《谁来教育老师》、《论古今学问》等等。编译文集的学术积累比丛书来得快，做起来也容易得多，毕竟仅仅是点点滴滴而已。编一套丛书需要有学术大设想，或者说学术大战略眼光，这可不容易，我没那份功力。

新京报："文化：中国与世界"在八十年代的丛书热中就显出不同凡响的学术战略眼光，这套丛书不是当时最早的，却最有"问题意识"。能谈谈您当时被思考的什么问题吸引吗，您毕竟参与了这套丛书的主编工作。

刘小枫：丛书"热"是八十年代兴起的，打那以来，丛书"热"就没有冷却过，迄今还在不断涌现新的各类"丛书",这首先得拜时代之赐。我们有幸遇到了一个国运上升的时代。问题在于,时代给了我们机运,未必等于我们能做出正确的事情。中国文明的现代危机是我们面临的基本问题,好几代学人都在力图寻求解决危机的良方。我相信,这还需要数代人的努力,我们的努力仅仅是无数代人的努力中一个很小很小的部分而已,微不足道。

说到"文化:中国与世界"的立意和设计,那是甘阳的功绩。这套丛书虽然无疾而终,却的确进入了历史,如今好些人乐意分享光荣。我觉得,就立意和设计的学术战略眼光而言,没人能分享。我虽然是"副主编",不折不扣是个打工仔。在北大念研究生时,甘阳见我忙忙叨叨编译文集,看出我有自找苦吃的毛病,设计"文化:中国与世界"丛书时就趁机拉我干活。当时北京学界群雄并起,甘阳喜欢聚合群雄……八卦我就不讲啦……当时甘阳规定,副主编必须是人在北京的。我并不在北京,而是在所谓"文化沙漠"深圳,他破自己的规定让我当副主编,图的不就是我肯干活嘛。现在我也这样,哪个年轻人肯干苦活,我就让他当主编……"经典与解释"的子系列有好些年轻主编。当时甘阳为了拉拢我干活,给我写过不少长信,有时长达八九页,用的信纸有"中国共产党大兴安岭地区委员会""燕翔饭店"和"中国社科院稿纸"之类的抬头……前些年我整理旧物时发现,居然还有十余封信保存下来,大约近四万字,恐怕是"文化:中国与世界"唯一留下的"历史文献"吧。当时,我的工作主要是组译和审校。由于是学外语出身,组译比较有人脉。审校虽然辛苦，却非常练功夫。当时有个北大德语系的研究生翻译了一部社会理论名著，非常自信，被我审校出一些硬伤，那个译者很服气，甘阳很得意……

新京报：有人说，您是学者中的编辑大家，每本书的清样都要过目，连封面也要审阅，用的字体都要过问，出版社有时头痛。有这事吗？为什么这些琐事也要管？

刘小枫："编辑大家"不敢当，说得上编辑熟练工。由于喜欢读书，自然而然关注书的品相。我觉得，学术书得守旧、质朴。九十年代以来，出版界追求新颖，封面啊、字体啊、版式啊，越出奇越好。通俗书如此没有问题，学术书就没必要。现在有的出版社喜欢用各种艺术化的电脑字体，我就坚持学术书要用传统的正宋。有的出版社把学术书的开本搞得很大，我也反对，坚持老旧的正32开。学术书有不少特别的地方，比如注释啊、引文啊，还有强调的语词或句子等等所谓重点语词或句子，以前都用黑体，看起来扎眼，我主张改为楷体。这种字体圆润，夹在正宋字体中自然突显。但楷体字不能多，这种字体棱角不分明，阅读多了眼睛容易疲劳。对于长段引文，有些出版社编辑喜欢用楷体，读起来很累，我建议用仿宋体，并作独立引文格式，既明显又不太抢眼。学术书就这三种字体，没必要搞奇奇怪怪的字体。在二十多年的编书实践中，我摸索出一套格式规范，都是出于读书的感觉。封面设计也简洁清爽，不搞花花绿绿，图案繁复……学者生活简单质朴，学术书也应该如此。

图书在版编目（CIP）数据

古典学与古今之争/刘小枫著.--增订本.--北京：华夏出版社，2017.6
（刘小枫集）
ISBN 978-7-5080-9177-8

Ⅰ.①古… Ⅱ.①刘… Ⅲ.①哲学－文集 Ⅳ.①B-53

中国版本图书馆CIP数据核字(2017)第081406号

古典学与古今之争（增订本）

作　　者	刘小枫
责任编辑	马涛红
责任印制	刘　洋
出版发行	华夏出版社
经　　销	新华书店
印　　刷	北京汇林印务有限公司
装　　订	北京汇林印务有限公司
版　　次	2017年6月北京第1版　2017年8月北京第1次印刷
开　　本	880×1230　1/32
印　　张	8.5
字　　数	160千字
定　　价	49.00元

华夏出版社　地址：北京市东直门外香河园北里4号　邮编：100028
网址：www.hxph.com.cn　电话：(010)64663331(转)
若发现本版图书有印装质量问题，请与我社营销中心联系调换。

西方传统：经典与解释
Classici et Commentarii
HERMES
刘小枫◎主编

古今丛编

孟德斯鸠的自由主义哲学
——《论法的精神》疏证　[美]潘戈 著

莫尔及其乌托邦　[德]考茨基 著

试论古今革命　[法]夏多布里昂 著

托兰德与激进启蒙　刘小枫 编

图书馆里的古今之战　[英]斯威夫特 著

但丁：皈依的诗学　[美]弗里切罗 著

在西方的目光下　[英]康拉德 著

大学与博雅教育　董成龙 编

探究哲学与信仰
——基尔克果与苏格拉底　[美]郝岚 著

民主的本性
——托克维尔的政治哲学　[法]马南 著

梅尔维尔的政治哲学
——《切雷诺》及其解读　李小均 编/译

席勒美学的哲学背景　[美]维塞尔 著

果戈里与鬼　[俄]梅列日科夫斯基 著

自传性反思　[德]沃格林 著

黑格尔与普世秩序　[美]希克斯 等著

新的方式与制度
——马基雅维利的《论李维》研究
[美]曼斯菲尔德 著

科耶夫的新拉丁帝国　[法]科耶夫 等著

《利维坦》附录　[英]霍布斯 著

或此或彼（上、下）　[丹麦]基尔克果 著

海德格尔式的现代神学　刘小枫 选编

双重束缚　[美]基拉尔 著

古今之争中的核心问题
——施米特的学说与施特劳斯的论题　[德]迈尔 著

论永恒的智慧　[德]苏索 著

宗教经验种种　[美]詹姆斯 著

尼采反卢梭　[美]凯斯·安塞尔-皮尔逊 著

舍勒思想评述　[美]弗林斯 著

诗与哲学之争　[美]罗森 著

神圣与世俗　[罗]伊利亚德 著

论古人的智慧　[英]培根 著

但丁的圣约书　[美]霍金斯 著

古典学丛编

探究希腊人的灵魂　[美]戴维斯 著

尤利安文选　马勇 编/译

论月面　[古罗马]普鲁塔克 著

雅典谐剧与逻各斯
——《云》中的修辞、谐剧性及语言暴力
[美]奥里根 著

莱园哲人伊壁鸠鲁　罗晓颖 选编

《劳作与时日》笺释　吴雅凌 撰

希腊古风时期的真理大师　[法]德蒂安 著

古罗马的教育　[英]葛怀恩 著

古典学与现代性　刘小枫 编

表演文化与雅典民主政制
[英]戈尔德希尔、奥斯本 编

西方古典文献学发凡　刘小枫 编

古典语文学常谈　[德]克拉夫特 著

古希腊文学常谈　[英]多佛 等著

撒路斯特与政治史学　刘小枫 编

希罗多德的王霸之辨　吴小锋 编/译

第二代智术师
——罗马帝国早期的文化现象　[英]安德森 著

英雄诗系笺释　[古希腊]荷马 著

统治的热望
——修昔底德笔下的阿尔喀比亚德和帝国政治
[美]福特 著

论埃及神学与哲学
——伊希斯与俄赛里斯　[古希腊]普鲁塔克 著

凯撒的剑与笔　李世祥 编/译

伊壁鸠鲁主义的政治哲学
[意]詹姆斯·尼古拉斯 著

修昔底德笔下的人性　[加]欧文 著

修昔底德笔下的演说　[美]斯塔特 著

古希腊政治理论　[美]格雷纳 著

神谱笺释 吴雅凌 撰
赫西俄德：神话之艺
[法]居代·德·拉孔达波 等著
赫拉克勒斯之盾笺释 罗逍然 译笺
《埃涅阿斯纪》章义 王承教 选编
维吉尔的帝国 [美]阿德勒 著
塔西佗的政治史学 曾维术 编

古希腊诗歌丛编
诗歌与城邦 [美]费拉格、纳吉 主编
阿尔戈英雄纪（上、下）
[古希腊]阿波罗尼俄斯 著
俄耳甫斯教祷歌 吴雅凌 编译
俄耳甫斯教辑语 吴雅凌 编译

古希腊肃剧注疏集
希腊肃剧与政治哲学 [美]阿伦斯多夫 著

古希腊礼法
希腊人的正义观 [英]哈夫洛克 著

廊下派集
廊下派的城邦观 [英]斯科菲尔德 著

希伯莱圣经历代注疏
希腊化世界中的犹太人 [英]威廉逊 著
第一亚当和第二亚当 [德]朋霍费尔 著

新约历代经解
属灵的寓意 [古罗马]俄里根 著

基督教与古典传统
加尔文与现代政治的基础 [美]汉考克 著
无执之道
——埃克哈特神学思想研究 [德]文森 著
恐惧与战栗 [丹麦]基尔克果 著
托尔斯泰与陀思妥耶夫斯基
[俄]梅列日科夫斯基 著
论宗教大法官的传说 [俄]罗赞诺夫 著
海德格尔与有限性思想（重订版）
刘小枫 选编
上帝国的信息 [德]拉加茨 著
基督教理论与现代 [德]特洛尔奇 著
亚历山大的克雷芒 [意]塞尔瓦托·利拉 著

中世纪的心灵之旅
——波纳文图拉神学著作选 [意]圣·波纳文图拉 著

德意志古典传统丛编
穆佐书简 [奥]里尔克 著
纪念苏格拉底——哈曼文选 刘新利 选编
夜颂中的革命和宗教
——诺瓦利斯选集卷一 [德]诺瓦利斯 著
大革命与诗话小说
——诺瓦利斯选集卷二 [德]诺瓦利斯 著
黑格尔的观念论 [美]皮平 著
浪漫派风格——施莱格尔批评文集 [德]施莱格尔 著

美国宪政与古典传统
美国1787年宪法讲疏 [美]阿纳斯塔普罗 著

品达注疏集
幽暗的诱惑
——品达、晦涩与古典传统 [美]汉密尔顿 著

欧里庇得斯集
自由与僭越
——欧里庇得斯《酒神的伴侣》绎读 罗峰 编译

阿里斯托芬集
《阿卡奈人》笺释 [古希腊]阿里斯托芬 著

色诺芬注疏集
居鲁士的教育 [古希腊]色诺芬 著
色诺芬的《会饮》 [古希腊]色诺芬 著

柏拉图注疏集
哲学的奥德赛——《王制》引论 [美]郝兰 著
爱欲与启蒙的迷醉
——论柏拉图的《会饮》 [美]贝尔格 著
为哲学的写作技艺一辩
——《斐德若》疏证 [美]伯格 著
柏拉图式的迷宫——《斐多》义疏 [美]伯格 著
哲学如何成为苏格拉底式的 [美]朗佩特 著
苏格拉底与希琵阿斯 王江涛 编译
理想国 [古希腊]柏拉图 著
谁来教育老师——《普罗塔戈拉》发微 刘小枫 编
立法者的神学
——柏拉图《法义》卷十绎读 林志猛 编
柏拉图对话中的神 [德]薇依 著

厄庇诺米斯　[古希腊]柏拉图 著
智慧与幸福
　　——柏拉图的《厄庇诺米斯》　程志敏 选编
论柏拉图对话　[德]施莱尔马赫 著
柏拉图《美诺》疏证　[美]克莱因 著
政治哲学的悖论
　　——苏格拉底的哲学审判　[美]郝岚 著
神话诗人柏拉图　张文涛 选编
阿尔喀比亚德　[古希腊]柏拉图 著
叙拉古的雅典异乡人
　　——柏拉图《书简七》探幽　彭磊 选编
阿威罗伊论《王制》　[阿拉伯]阿威罗伊 著
《王制》要义　刘小枫 选编
柏拉图的《会饮》　[古希腊]柏拉图 等著
苏格拉底的申辩（修订版）　[古希腊]柏拉图 著
苏格拉底与政治共同体　[美]尼科尔斯 著
政制与美德——柏拉图《法义》疏解　[美]潘戈 著
《法义》导读　[法]卡斯代尔·布舒奇 著
论真理的本质　[德]海德格尔 著
哲人的无知　[德]费勃 著
米诺斯　[古希腊]柏拉图 著

亚里士多德注疏集

亚里士多德《政治学》中的教诲　[美]潘戈 著
品格的技艺　[美]加佛 著
亚里士多德哲学的基本概念　[德]海德格尔 著
《政治学》疏证　[意]托马斯·阿奎那 著
尼各马可伦理学义疏
　　——亚里士多德与苏格拉底的对话　[美]伯格 著
哲学之诗
　　——亚里士多德《诗学》解读　[美]戴维斯 著
对亚里士多德的现象学解释　[德]海德格尔 著
城邦与自然——亚里士多德与现代性　刘小枫 编
论诗术中篇义疏　[阿拉伯]阿威罗伊 著
哲学的政治
　　——亚里士多德《政治学》疏证　[美]戴维斯 著

普鲁塔克集

普鲁塔克的《对比列传》　[英]达夫 著

普鲁塔克的实践伦理学　[比利时]胡芙 著

莎士比亚绎读
　　莎士比亚的历史剧　[英]蒂利亚德 著
　　莎士比亚戏剧与政治哲学　彭磊 选编
　　莎士比亚的政治盛典　[美]阿鲁里斯/苏利文 编
　　丹麦王子与马基雅维利　罗峰 选编

洛克集
　　上帝、洛克与平等　[美]沃尔德伦 著

卢梭集
　　论哲学生活的幸福　[德]迈尔 著
　　致博蒙书　[法]卢梭 著
　　政治制度论　[法]卢梭 著
　　哲学的自传
　　　　——卢梭的《孤独漫步者的遐思》　[法]戴维斯 著
　　文学与道德杂篇　[法]卢梭 著
　　设计论证
　　　　——卢梭的《社会契约论》　[美]吉尔丁 著
　　卢梭的自然状态　[美]普拉特纳 等著
　　卢梭的榜样人生
　　　　——作为政治哲学的《忏悔录》　[美]凯利 著

莱辛注疏集
　　汉堡剧评　[德]莱辛 著
　　关于悲剧的通信　[德]莱辛 著
　　《智者纳坦》研究版　[德]莱辛 等著
　　启蒙运动的内在问题
　　　　——莱辛思想再释　[美]维塞尔 著
　　莱辛剧作七种　[德]莱辛 著
　　历史与启示——莱辛神学文选　[德]莱辛 著
　　论人类的教育
　　　　——莱辛政治哲学文选　[德]莱辛 著

尼采注疏集
　　尼采引论　[德]施特格迈尔 著
　　尼采与基督教
　　　　——尼采的《敌基督》论集　刘小枫 编
　　尼采眼中的苏格拉底　[美]丹豪瑟 著
　　尼采的使命
　　　　——《善恶的彼岸》绎读　[美]朗佩特 著

尼采与现时代
　　——解读培根、笛卡尔与尼采　[美]朗佩特 著
动物与超人之间的绳索　[德]A.彼珀 著

施特劳斯集
原著
论僭政（重订本）——色诺芬《希耶罗》义疏
　[美]施特劳斯 科耶夫 著

苏格拉底问题与现代性（增订本）
　　——施特劳斯讲演与论文集：卷二

犹太哲人与启蒙
　　——施特劳斯讲演与论文集：卷一

霍布斯的宗教批判

斯宾诺莎的宗教批判

门德尔松与莱辛

哲学与律法——论迈蒙尼德及其先驱

迫害与写作艺术

柏拉图式政治哲学研究

论柏拉图的《会饮》

柏拉图《法义》的论辩与情节

什么是政治哲学

古典政治理性主义的重生（重订本）

回归古典政治哲学——施特劳斯通信集

苏格拉底与阿里斯托芬

研究作品
论源初遗忘
　　——海德格尔、施特劳斯与哲学的前提
　[美]维克利 著

政治哲学与启示宗教的挑战　[德]迈尔 著

阅读施特劳斯　[美]斯密什 著

施特劳斯与流亡政治学　[美]谢帕德 著

隐匿的对话
　　——施米特与施特劳斯　[德]迈尔 著

驯服欲望
　　——施特劳斯笔下的色诺芬撰述　[法]科耶夫 等著

施米特集
施米特对自由主义的批判　[美]麦考米特 著

宪法专政
　　——现代民主国家中的危机政府　[美]罗斯托 著

施米特对自由主义的批判　[美]约翰·麦考米克 著

伯纳德特集
古典诗学之路（第二版）
　　——相遇与反思：与伯纳德特聚谈　[美]伯格 编

弓与琴（重订本）
　　——从柏拉图解读《奥德赛》　[美]伯纳德特 著

神圣的罪业　[美]伯纳德特 著

布鲁姆集
巨人与侏儒（1960-1990）

人应该如何生活——柏拉图《王制》释义

爱的设计——卢梭与浪漫派

爱的戏剧——莎士比亚与自然

爱的阶梯——柏拉图的《会饮》

伊索克拉底的政治哲学

大学素质教育读本
古典诗文绎读　西学卷·古代编（上、下）

古典诗文绎读　西学卷·现代编（上、下）

中国传统：经典与解释
Classici et Commentarii
华夏传承
刘小枫 陈少明 ◎ 主编

周易古经注解考辨 / 李炳海 著
浮山文集 / [明]方以智 著
药地炮庄 / [明]方以智 著
药地炮庄笺释·总论篇 / [明]方以智 著
青原志略 / [明]方以智 编
冬灰录 / [明]方以智 著
冬炼三时传旧火 / 邢益海 编
《毛诗》郑王比义发微 / 史应勇 著
宋人经筵诗讲义四种 / [宋]张纲 等撰
道德真经藏室纂微篇 / [宋]陈景元 撰
道德真经四子古道集解 / [金]寇才质 撰
皇清经解提要 / [清]沈豫 撰
经学通论 / [清]皮锡瑞 著
松阳讲义 / [清]陆陇其 著
起凤书院答问 / [清]姚永朴 撰
周礼疑义辨证 / 陈衍 著
《铎书》校注 / 孙尚扬 肖清和 等校注
韩愈志 / 钱基博 著
论语辑释 / 陈大齐 著
《庄子·天下篇》注疏四种 / 张丰乾 编
荀子的辩说 / 陈文洁 著
古学经子 / 王锦民 著
经学以自治 / 刘少虎 著
从公羊学论《春秋》的性质 / 阮芝生 撰

刘小枫集

古典学与古今之争 [增订本]
这一代人的怕和爱 [第三版]
沉重的肉身 [珍藏版]
圣灵降临的叙事 [增订本]
罪与欠
儒教与民族国家
拣尽寒枝
施特劳斯的路标
重启古典诗学
共和与经纶
设计共和
现代性与现代中国：现代性社会理论绪论
诗化哲学 [重订本]
拯救与逍遥 [修订本]
走向十字架上的真
卢梭与我们
西学断章
现代人及其敌人
好智之罪：普罗米修斯神话通释
民主与爱欲：柏拉图《会饮》绎读
民主与教化：柏拉图《普罗塔戈拉》绎读
巫阳招魂：《诗术》绎读

编修 [博雅读本]

凯若斯：古希腊语文读本 [全二册]
古希腊语文学述要
雅努斯：古典拉丁语文读本
古典拉丁语文学述要
危微精一：政治法学原理九讲
琴瑟友之：钢琴与古典乐色十讲

经典与解释辑刊

1 柏拉图的哲学戏剧
2 经典与解释的张力
3 康德与启蒙
4 荷尔德林的新神话
5 古典传统与自由教育
6 卢梭的苏格拉底主义
7 赫尔墨斯的计谋
8 苏格拉底问题
9 美德可教吗
10 马基雅维利的喜剧
11 回想托克维尔
12 阅读的德性
13 色诺芬的品味
14 政治哲学中的摩西
15 诗学解诂
16 柏拉图的真伪
17 修昔底德的春秋笔法
18 血气与政治
19 索福克勒斯与雅典启蒙
20 犹太教中的柏拉图门徒
21 莎士比亚笔下的王者
22 政治哲学中的莎士比亚
23 政治生活的限度与满足
24 雅典民主的谐剧
25 维柯与古今之争
26 霍布斯的修辞
27 埃斯库罗斯的神义论
28 施莱尔马赫的柏拉图
29 奥林匹亚的荣耀
30 笛卡尔的精灵
31 柏拉图与天人政治
32 海德格尔的政治时刻
33 荷马笔下的伦理
34 格劳秀斯与国际正义
35 西塞罗的苏格拉底
36 基尔克果的苏格拉底
37 《理想国》的内与外
38 诗艺与政治
39 律法与政治哲学
40 古今之间的但丁
41 拉伯雷与赫尔墨斯秘学
42 柏拉图与古典乐教
43 孟德斯鸠论政制衰败
44 博丹论主权
45 道伯与比较古典学
46 伊索寓言中的伦理
47 斯威夫特与启蒙